ELEFANTEN PRESS Kinderbücher
herausgegeben von Gabriele Dietz

Umschlag: Jürgen Holtfreter
Gestaltung: Barbara Globig
Satz: Eigensatz
Belichtung: MSP Satz + Grafik GmbH, Berlin
Druck und Bindung: Grafische Werkstatt von 1980 GmbH, Kassel

Printed in Germany
EP 478
ISBN 3-88520-478-9

ELEFANTEN PRESS
Am Treptower Park 28–30
12435 Berlin

Die Deutsche Bibliothek – CIP-Einheitsaufnahme

Grosse-Oetringhaus, Hans-Martin:
Kinder haben Rechte – überall : Aktions- und Informationshandbuch /
Hans-Martin Grosse-Oetringhaus. – Berlin : Elefanten Press, 1993
(EP ; 478 : Elefanten-Press-Kinderbücher) (Ein Terre-des-Hommes-Buch)
ISBN 3-88520-478-9
NE: 1. GT

Hergestellt auf säurefreiem und chlorfrei gebleichtem Papier.

Man muß das Elend
nicht mit dem Maul,
sondern mit den Händen
anpacken.

(Pestalozzi)

Kinder haben Rechte

Es ist noch nicht lange her, da waren in Europa Kinder rechtlich kaum anders gestellt als das Vieh ihrer Väter. Noch zu Beginn des letzten Jahrhunderts war das so. Kinder konnten genausowenig Rechte und genausowenig staatlichen Schutz in Anspruch nehmen wie die Kühe, Pferde und Schweine im Stall. Die Väter konnten über Kinder und Vieh wie über Privateigentum bestimmen. Dies änderte sich erst nach und nach. Die väterliche Macht wurde mehr und mehr begrenzt und die Kinder gegen wirtschaftliche Ausbeutung geschützt.

1959 nahm die Generalversammlung der Vereinten Nationen eine Erklärung der Rechte des Kindes an. Sie war aber nichts Weiteres als eine unverbindliche Willenserklärung der Völker der Welt, auf deren Einhaltung niemand drängen konnte.

Von 1979 bis 1988 arbeiteten Vertreterinnen und Vertreter der Völker in den Vereinten Nationen an einer Kinderrechtskonvention. In ihr wurden die allgemeinen Erklärungen über Kinderrechte genauer gefaßt und zu verbindlichem Recht erklärt, das alle Länder, die die Konvention unterzeichnen, zu ihrer Einhaltung verpflichtet. Am 20. November 1989 wurde diese Kinderrechtskonvention von den Vereinten Nationen auf ihrer Vollversammlung in New York angenommen.

Paragraphen, Konventionen auf Papier verändern noch nicht die Welt. Das können nur wir. Aber die Gesetze und Konventionen können dabei ein hilfreiches, nützliches Werkzeug sein. Damit Kinder auch selber auf ihre Rechte hinweisen können, müssen sie sie natürlich zunächst kennen. Wer den genauen Gesetzestext lesen möchte, kann ihn kostenlos bei terre des hommes anfordern. Allerdings ist es oft schon für Erwachsene nicht ganz leicht, die Juristensprache der Gesetzesparagraphen zu verstehen. Dieses Buch möchte darum mit Hintergrundinformationen, Geschichten, Reportagen und Aktionsideen jungen Menschen helfen, ihre Rechte kennenzulernen und sich für sie einzusetzen. Damit

trägt es auch zur Verwirklichung eines der Rechte bei: Kinder haben das Recht, über ihre Rechte informiert zu werden.

Wir in Europa halten viele der in der Kinderkonvention genannten Rechte für selbstverständlich. Weltweit aber ist das anders. Und auch bei uns ist es um die Kinderrechte nicht immer zum besten bestellt, denn sie gelten für alle, unabhängig ihrer Herkunft, ihrer Hautfarbe, ihres Geschlechtes, ihrer Religion. Sie sind für deutsche Kinder genauso gültig wie für Flüchtlingskinder in unserem Land. Für Kinder armer Eltern ebenso wie für die von reichen. Für Kranke genauso wie für Gesunde. Auch bei uns wird sich einiges ändern müssen, bevor allen Kindern im Sinne der Konvention Recht geschieht.

Kinder können sich zusammentun, um über ihre Rechte nachzudenken, zu reden und sie einzufordern. Das tun sie zum Beispiel in Südafrika.

Im Juni 1992 wurde eine Konferenz in Kapstadt abgehalten. Auf ihr verabschiedeten 200 Kinder aus allen Teilen des Landes eine Deklaration ihrer Rechte, die sie zuvor auf einem dreitägigen Treffen erarbeitet hatten. Die Organisation dieses »Kindergipfels« lag bei Molo Songololo, der Kapstadter Kinderzeitung, die sich seit Jahren auch für die Beachtung von Kinderrechten einsetzt. Bei diesem Treffen kamen mit wenigen Ausnahmen nur Kinder zu Wort. Sie erstellten ein Dokument, das sich mit Kinderrechten in den verschiedensten Lebensbereichen befaßte. Im Gegensatz zu der Kinderrechtskonvention der Vereinten Nationen werden in dieser Charta die Grundrechte der Kinder mit einfachen Worten benannt. Daß die Charta in dieser klaren Form zustande kam, ist um so erstaunlicher, wenn man bedenkt, daß sie von zehn- bis 16jährigen Kindern aus allen Bereichen der Gesellschaft erarbeitet wurde: von Straßenkindern, Schulkindern, Kindern im Exil, behinderten Kindern.

Weil die Formulierungen der Kinder und Jugendlichen aus Südafrika viel verständlicher und konkreter sind als die Fachsprache der Juristen, werden die einzelnen Rechte in diesem Buch an einigen Punkten mit ihren Worten vorgestellt. Damit soll deutlich werden, daß Kinder auf der ganzen Welt sich gegenseitig helfen und voneinander lernen können und sich gemeinsam für ihre Rechte einsetzen müssen, damit die Kinderrechtskonvention nicht Papier und guter Vorsatz bleibt, sondern die Welt verändert.

Für dieses Ziel setzt sich die Kinderhilfsorganisation terre des hommes ein. Terre des hommes. Ein merkwürdiger Name. Man spricht ihn »tär desomm« aus. Das Wort kommt aus dem Französischen und bedeutet »Erde der Menschlichkeit«. Daß unsere Erde menschlicher wird, dazu möchte die Kinderhilfsorganisation terre des hommes beitragen. Darum unterstützt sie Selbsthilfegruppen in Afrika, Asien und Lateinamerika beim Aufbau von Kindergärten, Schulen, Gesundheitsstationen, Kinderorganisationen, Projekten für arbeitende Kinder oder Straßenkinder. terre des hommes versteht sich als Anwalt der Kinder. Wenn sie zu ihrem Recht kommen sollen, dann muß sich auch bei uns, in der Politik unseres Landes und in unserem ganz persönlichen Verhalten vieles ändern. Darauf will terre des hommes aufmerksam machen und hat dazu eine Kinderrechtkonventions-Kampagne ins Leben gerufen. Damit Kinder zu ihrem Recht kommen – überall. Jede und jeder kann dabei mithelfen.

terre des hommes
Bundesrepublik Deutschland e. V.
Postfach 4126
Ruppenkampstraße 11a
49084 Osnabrück

Wer die Kinderrechtskonvention der UN, die Kindercharta Südafrikas und Informationen über Projekte, die sich für die Durchsetzung von Kinderrechten einsetzen, haben möchte, kann bei terre des hommes das kostenlose »Spezial I« anfordern.

Haben Kinder Rechte?

Kinder haben Rechte
und zwar ganz gerechte.
Kinder dürfen spielen
und auch was beschmieren.
Kinder dürfen lachen,
und was Besondres machen.
Kinder dürfen auch was sagen
und sich mal ganz doll beklagen.
Kinder dürfen beten
und sich auch verspäten.
Kinder dürfen selbst entscheiden
und sich auch allein bekleiden.
Kinder brauchen Liebe
und bestimmt nicht Hiebe.
Kinder haben Rechte!

(Maya, 12 Jahre, Deutschland)

Welche Rechte wünschst du dir?

Versuche, selbst eine Liste aufzustellen mit den Rechten, die du gerne hättest. Vergleiche sie mit der Kinderrechtskonvention und mit den Rechten, die die Kinder in Südafrika aufgestellt haben. Vergleiche sie auch mit denen, die sich die zwölfjährige Maya wünscht.

Vielleicht hast du Lust, ein Gedicht wie sie zu schreiben?

Was Kinder sich wünschen

Kinderwünsche, die auf dem Frankfurter Kindergipfel 1991 aufgeschrieben wurden:

Die Kinder der Welt müßten zusammenhalten.
Jeder einzelne von uns soll lernen, Menschen nicht nach Rasse, Arbeit, Alter und so weiter einzuschätzen, sondern nach den Gedanken und Taten.
Es soll keinen Krieg mehr geben. Mit dem Geld, das für Rüstung ausgegeben wird, kann man in der »Dritten Welt« helfen.
Wir sollten lernen, bescheidener zu werden. Mit den gesparten Materialien könnten wir in der »Dritten Welt« helfen.
Kinder dürfen keine Arbeit machen, von der sie Schäden davontragen.
Die UN-Kinderrechtskonvention sollte von allen Ländern anerkannt und verwirklicht werden.

Rechte – was fällt dir dazu ein?

Alle Kinder einer Gruppe oder Klasse werden aufgefordert, fünf Hauptwörter (Substantive) und fünf Tätigkeitswörter (Verben), die ihnen spontan zum Thema »Kinderrechte« einfallen, auf einen Zettel zu schreiben. Danach lesen sich alle ihre Wörter vor. Aus denen, die mehr als einmal genannt wurden, wählen alle gemeinsam fünf Substantive und fünf Verben aus, die für besonders wichtig gehalten werden. Jedes Kind soll dabei Gelegenheit haben zu begründen, warum es ein bestimmtes Wort für besonders aussagekräftig oder wichtig hält. Wenn die fünf Substantive und fünf Verben ermittelt worden sind, können alle versuchen, eine Geschichte zum Thema »Kinderrechte« zu schreiben, in denen diese zehn Wörter – in beliebiger Reihenfolge – vorkommen. Zum Schluß erzählen alle ihre Geschichte oder lesen sie vor. Auf diese Weise werden zunächst einmal Ideen und Begriffe gefunden, die einem selbst zum Thema einfallen, ehe Informationen »von außen« gegeben werden.

Reifezeugnis

Ich wollte Nähe
und bekam die Flasche.
Ich wollte Eltern
und bekam Spielzeug.
Ich wollte reden
und bekam ein Buch.
Ich wollte lernen
und bekam Zeugnisse.
Ich wollte denken
und bekam Wissen.
Ich wollte einen Überblick
und bekam einen Einblick.
Ich wollte frei sein
und bekam Disziplin.
Ich wollte Liebe
und bekam Moral.
Ich wollte einen Beruf
und bekam einen Job.
Ich wollte Glück
und bekam Geld.
Ich wollte Freiheit
und bekam ein Auto.
Ich wollte einen Sinn
und bekam eine Karriere.
Ich wollte Hoffnung
und bekam Angst.
Ich wollte ändern
und erhielt Mitleid.
Ich wollte leben ...

Reinhard Jung hat in diesem Gedicht den Lebensweg eines Menschen nachgezeichnet, mit allen Sehnsüchten, Wünschen und Bedürfnissen. Für vieles wird ihm nur fader Ersatz angeboten. Die Erfüllung dieser Wünsche sollte ein Recht aller Menschen sein. Allerdings sind sie nicht einklagbar. Welche dieser menschlichen Grundbedürfnisse sind für dich persönlich am wichtigsten? Welche weiteren fallen dir ein?

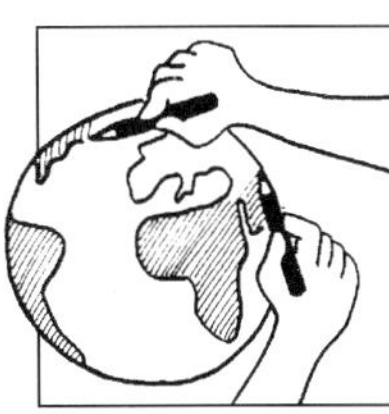

Gute Nachrichten

Wenn von Kindern der »Dritten Welt« die Rede ist, sind wir es gewohnt, schlechte Nachrichten zur Kenntnis nehmen zu müssen. Doch das ist nicht die ganze Wahrheit. Es gibt auch zahlreiche mutmachende Berichte. Das Zusammenstellen von solchen Nachrichten, die Mut machen, soll gezielt die Aufmerksamkeit auf positive Entwicklungen lenken, die es trotz aller schlimmen Meldungen zu beobachten gibt.

Schulklassen oder Jugendgruppen können sich einen bestimmten Zeitabschnitt, z.B. den letzten Monat oder das letzte Jahr, vornehmen und bewußt solche mutmachenden Meldungen und Berichte aufspüren. Am besten läßt sich das in Zweierteams machen, die z.B. den letzten Jahrgang einer Zeitung (im Archiv der Lokalzeitung) durchsehen oder bestimmte Zeitschriften (z.B. »die Zeitung« oder den »Eulenspiegel« von terre des hommes) durchforsten. Alle Meldungen und Berichte, auch wenn sie noch so unscheinbar sind, werden herausgeschrieben, zusammengetragen und vorgestellt. Dabei kann es im Einzelfall durchaus strittig sein, ob die jeweilige Meldung wirklich eine gute ist. Darüber sollte ausführlich diskutiert werden. Alle Meldungen lassen sich zu einer Wandzeitung zusammenstellen, die man zum Beispiel in der Schule aufhängen kann. Oder: Die Kinder werden gebeten, jeden Tag die Tageszeitung auf Nachrichten, die Mut machen, hin durchzuforsten. Wie schnell oder wie langsam wächst die Wandzeitung?

Rechte raten

Der Spielleiter schreibt die Rechte aus der Kinderrechtskonvention einzeln auf kleine Zettel. Die Gruppe teilt sich in Zweier-Teams auf. Einer der beiden Mitspieler in jeder Gruppe ist der Zeichner, der andere muß raten. Beide dürfen nicht miteinander sprechen. Der Spielleiter zeigt nun allen Zeichnern die erste Karte mit dem Begriff. Auf ein Kommando hin dürfen die Zeichner beginnen, das Recht zu malen, und zwar so, daß der Partner möglichst schnell errät, was gemeint ist. Das Team, dessen »Rater« als erster die richtige Antwort gerufen hat, erhält die entsprechende Karte.

Jetzt wechseln die Aufgaben innerhalb der Teams. Wieder zeigt der Spielleiter den Zeichnern die Karte, und auf das Signal hin beginnen sie zu zeichnen. Buchstaben und Zahlen sind verboten! Das Team, das am Schluß die meisten Kärtchen hat, hat gewonnen.

Das Ballonspiel

Alle Mitspieler erhalten ein Blatt. Außerdem wird eine große Tabelle mit den Namen der Spielerinnen und Spieler benötigt, um am Schluß die Ergebnisse vergleichen zu können.
Auf dem Blatt steht:

Das Recht auf mein eigenes Zimmer
Das Recht, saubere Luft atmen zu können
Das Recht auf Taschengeld
Das Recht auf Liebe und Zuneigung
Das Recht, nicht herumkommandiert zu werden
Das Recht, einzigartig zu sein
Das Recht auf Ferien jedes Jahr
Das Recht auf Essen und Trinken
Das Recht auf Zeit zum Spielen
Das Recht, daß mir zugehört wird

Alle Mitspieler stellen sich vor, daß sie alleine in einem Ballon schweben. An Bord haben sie zehn Rechte. Jedes Recht wiegt zwei Kilo.

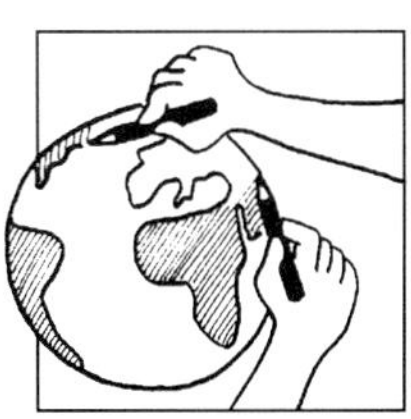

Plötzlich verliert der Ballon an Höhe. Um den Abstieg aufzuhalten, muß ein Recht über Bord geworfen werden. Der Ballon fängt sich wieder, verliert aber nach einer Weile abermals an Höhe. Ein weiteres Recht muß also abgeworfen werden. Dies geht so weiter, bis nur noch ein einziges Recht an Bord ist.

Alle werden gebeten, die Liste sorgfältig durchzusehen und zu überlegen, welche Rechte sie leicht aufgeben können und welche sie so lange wie möglich behalten wollen. Dann entscheiden sie – ohne Diskussion – und setzen auf ihrem Blatt eine 1 vor das Recht, das sie zuerst über Bord werfen, eine 2 vor das, auf das sie am zweitleichtesten verzichten könnten, und so weiter. Das Recht, das übrig bleibt, erhält die Nummer 10.

Zum Schluß wird auf einer großen Tabelle gut sichtbar festgehalten, wie sich jede Teilnehmerin und jeder Teilnehmer entschieden hat. Damit ist für Zündstoff für eine angeregte Diskussion gesorgt.

(Nach einer Idee von Pike/Selby, in: »Global Teacher, Global Learner«. London 1988)

Wenn Rechte aufeinanderstoßen

Jedes Kind hat Rechte. Auch du. Doch die eigenen Rechte sollten nicht durch die Mißachtung der Rechte anderer durchgesetzt werden. Das ist nicht immer leicht und verlangt Rücksicht, Einfühlungsvermögen und Kompromißbereitschaft.

Zum Beispiel: Deine Familie sitzt vor dem Fernseher und sieht einen Film. Du kommst ins Zimmer und willst etwas anderes sehen. Du nimmst die Fernbedienung und wechselst das Programm. Schließlich kannst du dich auf die Kinderkonvention berufen und auf das Recht auf Information und Meinung. Was passiert? Und wie ließe sich der Konflikt lösen?

Stell dir vor: Du sollst deinen Eltern beim Abtrocknen helfen. Du hast aber überhaupt keine Lust dazu und läßt absichtlich einen Teller fallen, denn das, was deine Eltern da von dir verlangen, geht wirklich zu weit. Kennen sie nicht die Kinderkonvention und das Recht der Kinder auf Schutz vor wirtschaftlicher Ausbeutung? Was passiert? Und wie könnte der Konflikt gelöst werden?

Eine andere Situation: Du wachst nachts auf und kannst nicht mehr einschlafen. Du stellst das Radio an. Ausgerechnet deine Lieblingsmusik wird gesendet. Du drehst lauter. Schließlich kennst du die Kinderrechtskonvention und dein Recht auf kulturelle Identität. Was jetzt geschieht, läßt sich leicht denken und spielen. Aber auch lösen?

Oder: Bis zum Essen ist noch etwas Zeit. Du kannst es kaum abwarten, zumal es deinen Lieblingsnachtisch gibt. Der steht verführerisch im Kühlschrank. Da du alleine bist, leerst du die Schüssel. Was ich hab, hab ich, denkst du. Das Recht wähnst du auf deiner Seite. Hat nicht jedes Kind ein Recht auf die Befriedigung seiner Grundbedürfnisse?

Solche und andere Situationen lassen sich als Sketch spielen oder mit Handpuppen, Marionetten oder Kasperfiguren in Szene setzen. Vielleicht fallen dir noch weitere Szenen ein. Spielt sie und redet anschließend mit den Zuschauern darüber. Möglicherweise lassen sich gemeinsam verschiedene Lösungsmöglichkeiten finden, die gegeneinander abgewogen werden können.

Das Recht auf einen Namen

Ein Stück Würde – der Name

Eigentlich selbstverständlich, einen Namen zu haben, könnte man denken. Einen Namen hat doch jeder. Und warum ist ein Name überhaupt so wichtig? So wichtig, daß er in einem Dokument wie der Kinderrechtskonvention als Recht aufgeführt wird?

Der Name hilft, uns selbst und andere zu erkennen. In ihm schwingen oft Hoffnungen, Wünsche und Gefühle der Eltern mit. Er ist ein Zeichen für Identität und Würde. Die Kinderrechtskonvention bekräftigt, daß alle Kinder ein Recht auf einen Namen und auf Nationalität haben, das heißt darauf, anerkanntes Mitglied eines Staates zu sein.

In der Regel wählen die Eltern einen Vornamen für ihr Kind und melden seine Geburt offiziell an, damit diese Angaben in ein Geburtenregister eingetragen werden. Normalerweise erhält das Kind die Staatsangehörigkeit seiner Eltern. Findelkinder, die verlassen worden sind, können von einer Familie aufgenommen und adoptiert werden und bekommen deren Namen und Staatsangehörigkeit.

Gelegentlich wird bei uns von übereifrigen Beamten berichtet, die sich weigern, einen Namen, den Eltern sich für ihr Kind ausgesucht haben, in die Geburtsurkunde einzutragen. Entweder kommt ihnen der Name unbekannt vor, oder sie meinen nicht unterscheiden zu können, ob es sich um einen Namen für ein Mädchen oder einen Jungen handelt. So kann es geschehen, daß in die Urkunde eingetragen wird: »Kein Name«. Ein Fall für die Gerichte. Die Würde des Menschen, auch wenn er noch so klein ist, interessiert in einem solchen Fall die Bürokraten wenig.

Malai und Pasuk

(Thailand)

Malai und Pasuk waren von einem Werber aus ihrem Dorf im Norden Thailands gelockt worden. Der Händler hatte ihren Eltern etwas Geld gegeben und versprochen, die Mädchen könnten in Bangkok die Schule besuchen, bekämen dort eine Arbeitsstelle und könnten ihren Eltern regelmäßig Geld nach Hause schicken. Aber diese Versprechungen stellten sich als reine Lügen heraus. Malai wurde gezwungen, in einem Bordell zu arbeiten.

Malai schämte sich. Sie fand ihren Körper ekelhaft, er schien gar nicht mehr ihr zu gehören. Er gehörte denen, die für ihn zahlten: Für die Entjungferung den Einheitspreis von 3000 Baht, danach 800 Baht für jeden Geschlechtsverkehr und nach einer Weile nur noch 120 Baht. Das Geld steckte der Bordellbesitzer ein. Malai erhielt 15 Baht, von denen sie sich Reis und Fisch kaufen mußte, den eine Frau den Mädchen ins Hotel brachte.

Im Hotel Lotos hieß sie nicht mehr Malai, sondern war die Nummer »78«. Die Zahl stand auf einer runden Plakette, die alle Mädchen am Kleid oder dem Oberteil ihres Bikinis tragen mußten. War ein Kunde gegangen, setzten sie sich wieder in den großen Saal und warteten auf den nächsten. Der Bordellbesitzer hatte ihnen gesagt, wie sie zu sitzen hatten. Hinter dem großen Spiegel, durch den die Mädchen nicht hindurchsehen konnten, hatten es sich Männer bequem gemacht, tranken Bier und beobachteten sie. Erschien einem Kunden eine von ihnen attraktiv, dann nannte er ihre Nummer und ging mit ihr auf ein Zimmer.

Die Nummer 78 war sehr gefragt, oft bis zu sechs mal in der Nacht. Besonders von Ausländern wurde sie immer wieder verlangt. Malai war noch sehr jung, zierlich und hatte ein hübsches Gesicht. Was die Männer redeten, verstand sie oft nicht. Aber eines verstand sie immer: Sie wollten ihren Körper, sonst nichts.

Nach vier Monaten sank die Nachfrage für Nummer 78. Die Stammkunden waren der Dienste Malais zum 120-Baht-Pauschalpreis überdrüssig. Darum verkaufte sie der Bordellbesitzer für 2000 Baht an ein Teehaus.

Wie groß war Malais Freude, dort Pasuk wiederzusehen. Die Freundinnen fielen sich um den Hals. Malai traten Tränen in die Augen. »Was ist geschehen? Bist du die ganze Zeit hier gewesen? Wissen deine Eltern, wo du bist?«

Die Fragen sprudelten aus ihr heraus. Da kam der Zuhälter des Teehauses, riß die Mädchen auseinander und fuhr sie an: »Was sollen die Männer von euch denken! Setzt euch ordentlich hin und zeigt, was ihr zu bieten habt.«

»Schon gut«, beruhigte ihn Pasuk und setzte sich so, daß die Männer ihr Gesicht und die Nummer sehen konnten.

»Das ist ein scharfer Aufpasser«, flüsterte sie Malai zu, als der Zuhälter wieder gegangen war. »Der ist schlimmer als ein Köter. Nimm dich in acht vor ihm! Nie läßt er einen aus den Augen. Und selbst am Tag hat man keine Ruhe vor ihm. Das Haus hier dürfen wir nur unter seiner Aufsicht verlassen. Beinah wäre es mir einmal gelungen zu entkommen. Wir gingen zu dritt in ein Geschäft, und er paßte am Eingang auf, daß wir nicht fortliefen. Da betrat eine Frau den Laden. Ich sprang ...«

»Nummer 21!« rief der Zuhälter. »Nummer 21!«

»Das bin ich« seufzte Pasuk. »Ein Kunde will mich. Bis später.«

Malai wußte, hier war sie genauso eingesperrt wie im Hotel Lotos. Und auch die Arbeit war die gleiche. Wie Tiere hat man uns in Käfige eingesperrt, dachte sie. Aber sie hatte ihre Freundin wiedergefunden. Gemeinsam ließ sich dieses Elend vielleicht leichter ertragen.

Nummer 37 wurde aufgerufen. Malai warf einen flüchtigen Blick auf ihre Plakette, um sich zu vergewissern, ob sie wirklich gemeint war. Dann verschwand sie mit dem Kunden in einer winzigen Kammer. In ihr befanden sich lediglich ein Bett und ein Waschbecken. Nachdem der Tee eingeschenkt war, mußte Malai das gleiche über sich ergehen lassen, was sie schon so oft im Lotos-Hotel erlebt hatte. Die Männer hatten ihre 100 Baht gezahlt und wollten jetzt dafür die Ware. Nummer 37. Aus Freude über das Wiedersehen mit Pasuk brachte Malai es sogar fertig, ihren Kunden freundlich anzulächeln, so wie der Zuhälter es verlangt hatte.«

Du bist nicht schlecht, Vögelchen«, lobte der beleibte Mann im Hinausgehen. »Deine Nummer muß ich mir merken.«

Wie Kinder anderswo Namen bekommen

Zum Beispiel Afrika

Die meisten afrikanischen Namen haben eine Bedeutung. Manchmal geben sie Auskunft über die Umstände der Geburt. Wenn das Kind zum Beispiel während der Regenzeit geboren wurde, könnte es einen Namen bekommen, der »Wasser« oder »Regen« bedeutet. Wenn sich die Mutter zur Zeit der Geburt auf einer Reise befand, zum Beispiel den Namen »Reisender«, »Wanderer« oder »Der auf der Straße«. Wurde das Land gerade von einer Heuschreckenplage heimgesucht, kann das Kind zur Erinnerung an diese Zeit den Namen »Heuschrecke« erhalten. Es gibt Namen, die an wichtige Ereignisse erinnern, andere beschreiben den Charakter eines Menschen.

Häufig richtet sich der Name nach dem Wochentag, an dem das Kind geboren wurde. Auch in Ghana ist das üblich. Wir wissen, an welchem Datum wir geboren sind, der Wochentag ist uns nicht immer bekannt. Bei den Twi in Ghana zum Beispiel weiß jeder genau, an welchem Wochentag er geboren wurde. Jungen, die am Montag geboren wurden, werden Kwadwo genannt, Mädchen Adua. Jungen, die an einem Dienstag zur Welt kamen, heißen Kobna, Mädchen Abena, Mittwochsjungen Kwaku, und Mädchen Akua.

Frage deine Eltern nach dem Wochentag der Geburt eines jeden in deiner Familie und gib jedem den Namen, den sie oder er bei den Twi hätte.

Wochentag	**männlich**	**weiblich**
Montag	Kwadwo	Adua
Dienstag	Kobna	Abena
Mittwoch	Kwaku	Akua
Donnerstag	Yau	Yaa
Freitag	Kofi	Efua
Samstag	Kwame	Ama
Sonntag	Kwasi	Essi

Namensnetz

Für dieses Spiel braucht man lediglich ein Wollknäuel. Alle stehen im Kreis. Die Erste bekommt das Knäuel und stellt sich vor. Sie nennt ihren Namen, ihre Herkunft, ihre Tätigkeit und was sie sonst noch von sich für wichtig hält. Wenn sie fertig ist, nimmt sie das Schnurende in die Hand und wirft das Knäuel jemand anderem zu. Der stellt sich ebenfalls vor, hält die Schnur fest und wirft das Knäuel weiter. Das geht so, bis alle in einem Netz miteinander verbunden sind.

Nachdem sich alle vorgestellt haben, wird das Knäuel vom Letzten wieder an die Person zurückgeworfen, die es ihm zugeworfen hat. Dabei wiederholt er deren Angaben. Und so weiter, bis das Knäuel den gleichen Weg zurückgewandert, wieder bei der ersten Mitspielerin angelangt und aufgerollt ist.

Vor dem Spiel müssen alle ausdrücklich darauf hingewiesen werden, daß man bei jeder einzelnen Vorstellung aufpassen muß, weil niemand wissen kann, wer als nächster das Knäuel bekommt.

Namen suchen

- Suche Familiennamen, in denen ursprünglich ein Hinweis über die Herkunft, den Beruf, das Aussehen, die Fähigkeiten oder andere Informationen über den Träger oder die Trägerin steckten.
- Stelle eine Liste jener Vornamen zusammen, die dir am besten gefallen. Überlege, was deine Vorlieben beeinflußt haben könnte. Stelle auch die beliebtesten Vornamen aus der Zeit deiner Eltern und Großeltern zusammen. Unterscheiden sich diese Listen sehr?
- Sammle Märchen und Sagen, in denen Namen eine besondere Rolle spielen.
- Denke dir eine Geschichte zu deinem eigenen Familiennamen aus.

Wer bin ich?

Jede Teilnehmerin und jeder Teilnehmer erhält zehn kleine Zettel. Auf sie schreibt er zehn Antworten auf die Frage: »Wer bin ich?« Alles, was einem gerade in den Sinn kommt, kann aufgeschrieben werden: Name, Alter, Geschlecht, Beruf, Lieblingsbeschäftigung, Hobbies, Vorlieben, Fähigkeiten, Fertigkeiten, Schwächen, Cha-

raktereigenschaften, Wünsche, Träume, Ängste, Erfahrungen.

Wenn alle ihre Zettel beschrieben haben, geht jeder seine Antworten durch und numeriert sie nach der Wichtigkeit, die er ihr beimißt: Nummer eins ist das, was man für die eigene Persönlichkeit für am wichtigsten hält, Nummer zehn das Unwichtigste.

Alle legen nun die Zettel mit der Schrift nach unten der Reihe nach vor sich, drehen die Nummer zehn um und erläutern die eigene Antwort. Jede und jeder kann darüber nachdenken, was die Antwort für sie oder ihn bedeutet und was ihr oder sein Leben ohne diese Nummer zehn wäre. Genauso wird mit den anderen Antworten verfahren. Dabei können sich die Erkenntnisse über die eigene Person weit über die aufgeschriebenen Äußerlichkeiten hinaus vertiefen. Zum Schluß findet eine Auswertung in Kleingruppen oder in der Gesamtgruppe statt.

Ein Tag lang eine Nummer

Malt euch große Schilder mit einer Nummer, die ihr euch umhängt. Versucht, euch in eurer Klasse oder Gruppe einen Tag lang nur mit Nummern anzureden. Am Endes des Tages oder am nächsten Tag sprecht ihr darüber, was ihr dabei empfunden habt.Wie ist das, eine Nummer zu sein? Wie würdest du dich fühlen, wenn du immer auf diese Weise angeredet würdest?

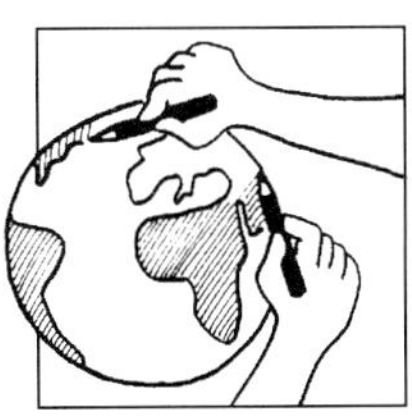

Ein Traum?

Ich habe einen Traum, den Traum,
daß meine vier kleinen Kinder
eines Tages in einer Nation leben werden,
in der man sie nicht nach ihrer Hautfarbe,
sondern nach ihrem Charakter beurteilen wird.

(Martin Luther King, 1963)

Das Recht auf Gleichheit

Alle Kinder sind vor der Konvention gleich

Alle Rechte, die in der Kinderkonvention festgeschrieben wurden, gelten für alle Kinder, »unabhängig von der Rasse, der Hautfarbe, dem Geschlecht, der Sprache, der Religion, der politischen oder sonstigen Anschauung, der nationalen, ethnischen oder sozialen Herkunft, des Vermögens, einer Behinderung, der Geburt ...«.

In vielen Ländern werden Familien aufgrund ihrer Zugehörigkeit zu einer Glaubensgemeinschaft benachteiligt oder verfolgt. Oft wird es Kindern untersagt, den Religionsunterricht oder den Gottesdienst ihrer Glaubensgemeinschaft zu besuchen. Andere Kinder werden gezwungen, gegen ihren Willen an religiösen Übungen teilzunehmen, denen sie lieber fernbleiben würden.

Benachteiligungen müssen oft Mädchen hinnehmen – nur weil sie Mädchen sind. In vielen Ländern werden Söhne bevorzugt, Mädchen sind unerwünscht. In Indien wird manchen Mädchen diese Mißachtung als Name mit auf den Lebensweg gegeben: »Nakosi« – das heißt: unerwünscht. Mädchen bekommen oft weniger Beachtung und Bildung und insgesamt weniger Chancen. Sie werden benachteiligt und in besonderer Weise ausgebeutet. Mädchen sein bedeutet für viele ein oft aussichtsloses Leben in Abhängigkeit. Auch dies müßte sich ändern, wenn die Kinderrechtskonvention ernstgenommen würde.

Helga

(Deutschland)

An einem sonnigen Sonntagnachmittag steht Helga, elf Jahre alt, am Spülbecken der großen Wohnküche. Sie wäscht bereits seit geraumer Zeit Berge von Geschirr ab. Ihr jüngerer Bruder sitzt nebenan und sieht im neuen Fernsehgerät, schwarz-weiß, einen Film der amerikanischen Serie »Fury«. Zwischen Tellern und Töpfen und dem Sauberwischen des Herdes gelingt es Helga immer wieder, einen Blick durch die Essensdurchreiche direkt auf Furys Pferderücken zu werfen. Zu gern würde sie genauer verfolgen, was auf der Farm im fernen Amerika alles passiert. Ihre Hände sind schon richtig aufgeweicht vom vielen Spülen. Und sie weiß, in zwei, drei Stunden steht sie wieder am Becken und muß das Kaffeegeschirr abwaschen. An eine Pause ist nicht zu denken, Gläser und Bestecke müssen noch abgetrocknet werden. Und danach ist Sahneschlagen angesagt.

Plötzlich packt Helga die Wut. Sie rast ins Wohnzimmer und fordert, mit dem Geschirrtuch in der Hand, den Bruder demonstrativ auf, sich an der Hausarbeit zu beteiligen. Schließlich muß sie als Mädchen auch morgens mit in den Stall und beim Kühemelken helfen, aus Prinzip. Warum soll der Bruder, der sich mittags schon an den gedeckten Tisch setzen darf, nicht mal beim Abwasch helfen?

Helmut windet sich im gemütlichen Sessel hin und her. Er will doch noch Fury zu Ende sehen, und überhaupt: »Das kann ich doch gar nicht! Und wenn ich dann ein Glas fallen lasse ...?«

Doch Helga bleibt dabei: Auch Buben sollen sich an der Hausarbeit beteiligen.

Helmut holt tief Luft und stellt die berühmte »Warum-Frage«. Zähneknirschend nimmt er das Tuch in die Hand, als er Helgas entschlossene Haltung sieht, und geht in die Küche.

In diesem Moment kommt die Großmutter herein und entreißt dem Enkel das Handtuch: »Das ist doch keine Arbeit für Männer! Und unser Hoferbe wird mir nicht zu solch einer Frauenarbeit gezwungen. Lieber opfere ich mich und trockne ab!« Demonstrativ schiebt die 65jährige den Neunjährigen zur Seite und schnaubt: »Auf was für Ideen Mädchen heute kommen! Zu unserer Zeit war so etwas undenkbar.«

(Renate Giesler in: Renate Giesler/Hans-Martin Große-Oetringhaus: Nakosi – Mädchen in der Dritten Welt. Baden-Baden 1991)

»Ich stelle bedauernd fest, daß ich ein Mädchen bin«

»Ein dummer Mann ist besser als eine kluge Frau«, sagt ein altes eritreisches Sprichwort. Es spiegelt die althergebrachte Rolle wieder, die den Mädchen und Frauen in diesem ostafrikanischen Land jahrhundertelang zugewiesen wurde. Diese Erfahrungen haben tiefe Narben hinterlassen: Gefühle der Unsicherheit und Minderwertigkeit. Schon in jungen Jahren, eigentlich bereits bei der Geburt, bekommt ein Mädchen zu spüren, daß es »nur« ein Mädchen ist. Früh wird es auf seine zukünftige Rolle als Dienerin seines zukünftigen Mannes vorbereitet.

Von einer Frau wird erwartet, daß sie Söhne gebiert. Wenn sie entgegen solchen Erwartungen aber ein Mädchen zur Welt bringt, zeigt der Vater deutlich sein Mißfallen.

Wenn das Mädchen heranwächst, wird es von der Mutter bereits früh in ihre zukünftige Rolle als Frau eingewiesen. Die Mutter hält ihre Tochter an, nur leise und in Gegenwart eines Mannes überhaupt nicht zu sprechen. Stets soll sie den Kopf leicht gebeugt und mit einem Tuch bedeckt halten. Niemals darf sie außerhalb des Hauses essen.

»Ich stelle bedauernd fest, daß ich ein Mädchen bin.« So lautet eines der überlieferten Mädchenlieder.

Heute werden sie von selbstbewußten Versen verdrängt: »Reich mir Papier und Bleistift. Dank meiner Organisation kann ich lesen und schreiben.«

Früher erschien den meisten Eltern eine Schulausbildung ihrer Töchter überflüssig. Sie sahen einfach keinen Sinn darin, Geld für die Erziehung ihrer Tochter auszugeben, die, sobald sie verheiratet wäre, ja ohnehin nur für die Familie ihres Mannes arbeiten würde. Das, was man in die Bildung investiert hätte, wäre dann für die eigene Familie verloren. So ist zu verstehen, daß 95 Prozent der Frauen in Eritrea nicht lesen und schreiben konnten, bis die Befreiungsbewegung EPLF ein Umdenken in Gang setzte.

Vergleiche

Alle in der Klasse stellen sich in einem Kreis auf. Nacheinander teilt jede und jeder mit, wann sie oder er geboren ist. Danach werden Gruppen nach unterschiedlichen Kriterien gebildet: alle, die im gleichen Jahrzehnt, im gleichen Jahr, in der gleichen Jahreszeit geboren sind. Macht es einen Unterschied, ob man im Winter oder im Sommer geboren ist? Im Gespräch kann deutlich werden, daß »Ungleiches« kein Werturteil beinhalten kann.

In einem zweiten Vergleich teilen alle mit, wo sie wohnen. Gemeinsam werden Gruppen gebildet, die etwas Gemeinsames haben: alle, die in der gleichen Straße wohnen; alle, die im gleichen Stadtteil wohnen usw.

Die Gruppe läßt sich auch in Jungen und Mädchen aufteilen. Gibt es Vorteile, gibt es Nachteile, die mit dem Geschlecht zu tun haben?

Danach sagt jeder, welche Nationalität er hat. Gemeinsam wird überlegt, ob es Vor- und Nachteile gibt, einer bestimmten Nationalität anzugehören. Jede und jeder berichtet, ob er Freundinnen und Freunde hat, die einer anderen Nationalität als der eigenen angehören. Worin liegen Unterschiede, und was sind Gemeinsamkeiten?

In einem fünften Vergleich berichten alle, welcher Religion oder Konfession sie angehören oder ob sie konfessionslos sind. Wer hat Freunde, die einer anderen Religionsgemeinschaft angehören? Warum gehören wir einer bestimmten Religion oder keiner an?

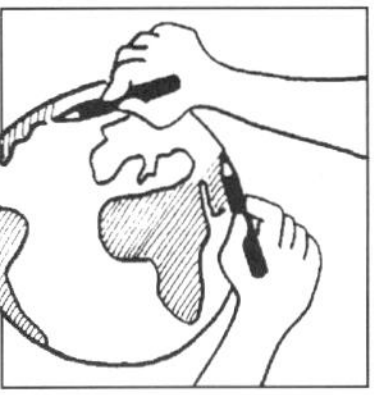

Augen auf

Achte in deiner Umgebung darauf, ob es Kinder gibt, die unter Diskriminierung und Benachteiligung zu leiden haben, die verachtet und verspottet werden. Ist es wegen ihrer Haut- oder Haarfarbe? Wegen ihres Gewichtes? Ihrer Größe? Wegen einer Behinderung oder wegen eines Sprachfehlers? Oder gibt es andere Gründe? Wie verhältst du dich, wenn du so etwas beobachtest?

Ein Tag

Unterscheidet sich das Leben von Jungen und Mädchen? Haben sie verschiedene Tagesabläufe? Bei uns und anderswo? Informationen über den Alltag von Mädchen und Jungen kann man überall finden: in Büchern, Zeitungen und Zeitschriften, in Fernseh- und Radiosendungen. Auch zahlreiche Medien von terre des hommes (Diaserien, Unterrichtbögen und Bücher) enthalten konkrete Beschreibungen.

Eine Sammlung solcher Informationen bietet interessante Vergleichsmöglichkeiten. Besonders in der Gegenüberstellung, die alle Gruppenmitglieder zum eigenen Tagesablauf aufgezeichnet haben: Wie sieht der Tag eines Mädchens bei uns aus? Und wie der eines Jungen? Was unterscheidet den Tag eines Mädchens hier von dem eines Mädchens in Afrika, Asien oder Lateinamerika? Wie verbringen Jungen in Deutschland und Jungen in einem armen Land den Tag? Dazu können Dias gezeigt oder Bilder gemalt werden. Vielleicht bieten die Vergleiche sogar Stoff für kleine Sketche oder Theaterstücke.

Kindheitsbilder

In Schulklassen oder Gruppen, in denen Kinder oder Jugendliche aus verschiedenen Nationen zusammen sind, kann jeder ein Foto aus seiner frühen Kindheit mitbringen. Die Fotos werden nebeneinander an eine Pinnwand geheftet oder an die Wand geklebt. Zunächst erhalten alle die Gelegenheit, sich die Bilder in Ruhe anzusehen. Dann wird gemeinsam versucht, die Fotos den Personen zuzuordnen. Schließlich erzählt jeder etwas aus der Zeit, aus der das Foto stammt. Dabei wird Alltägliches und Außergewöhnliches, Gemeinsames und Unterschiedliches deutlich.

Wenn ich geboren werde, bin ich schwarz.
Wenn ich aufwachse, bin ich schwarz.
Wenn ich in die Sonne gehe, bin ich schwarz.
Und auch wenn ich sterbe, bin ich schwarz.
Aber du!
Wenn du geboren wirst, bist du rosa.
Wenn du aufwächst, bist du weiß.
Wenn dir speiübel ist, bist du grün.
Wenn du in die Sonne gehst, bist du rot.
Wenn dir eisig kalt ist, bist du blau.
Wenn du stirbst, bist du violett.
Und du traust dich,
mich einen Farbigenzu nennen!

(Worte, die ein »Weißer« in Südafrika eines Morgens an die Mauer seines Hauses geschrieben fand.)

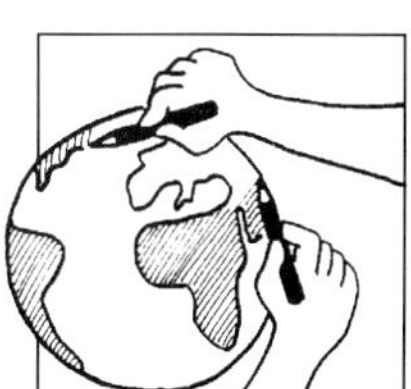

Das Recht auf Ernährung, Kleidung und Wohnung

Menschenwürdig leben

Jedes Kind hat ein Recht auf Ernährung, Kleidung und Wohnung. Ein allgemeines Menschenrecht. Die Kinderrechtskonvention nennt es eigens auch ein Recht der Kinder, denn in vielen Gegenden der Welt ist es längst nicht selbstverständlich, daß die Menschen satt werden, sich ausreichend kleiden und menschenwürdig wohnen können. Zahllose Menschen tragen Lumpen, die andere weggeworfen haben, müssen in Hütten wohnen, die sie sich aus Abfallmaterialien errichtet haben, sind fehl- oder unterernährt oder krank und können sich keine Medizin leisten. Weltweit lebt etwa eine Milliarde Menschen in völliger Armut.

Diese Armut hat Ursachen. Und diese Ursachen haben auch etwas mit uns zu tun – mit unserer Lebensführung, die oft genug auf Verschwendung gründet, mit einer Politik und einer Wirtschaft der Industrieländer, die den Armen der Ärmsten keine Chance läßt.

Darum fordern auch die Kinder in Südafrika in ihrer Charta der Kinderrechte: »Alle Kinder haben das Recht auf Kleidung, Unterkunft und angemessene Verpflegung ... auf sauberes Wasser, Gesundheitspflege und eine saubere Umwelt.«

Man sagt mir: Iß und trink!
Sei froh, daß du hast!
Aber wie kann ich essen und trinken,
wenn ich dem Hungernden entreiße,
was ich esse,
und mein Glas Wasser
einem Verdurstenden fehlt?
Und doch esse und trinke ich.

(Bertolt Brecht)

Jara

(Kamerun)

Jara hat an diesen Sonntag keine Lust mitzutanzen. Sie weiß selbst nicht so recht, warum, denn sonst ist sie meist die erste, die nach dem Gottesdienst mit den anderen herumspringt. Doch sie merkt, daß ihr ein Satz nicht mehr aus dem Kopf gehen will. Alle hatten das Gebet laut und langsam gesprochen. Die ganze Gemeinde. Und mittendrin war dann dieser Satz. Jara hat ihn schon hundertmal gebetet, oder noch öfter: unser tägliches Brot gib uns heute.

Genau das ist es, was Jara sich wünscht: Brot. Langes, weißes Baguette-Brot, so wie es die Leute in der Stadt essen.

Bei Jara zu Hause gibt es immer nur Hirse. Vielleicht auch mal Jams oder Mais. Aber Brot gibt es nie. Das ist viel zu teuer. Und außerdem kann man es nur in der Stadt kaufen. Aber wann kommt schon mal einer aus ihrem Dorf in die Stadt?

Und wie selten kommt ein Auto aus der Stadt zu ihnen ins Dorf? Das ist immer ein ganz besonderer Tag. So wie heute. Da wird ein Wagen aus der Stadt erwartet. Der landwirtschaftliche Berater, der Bezirksvorsteher und der Unterpräfekt wollen ihr Dorf besuchen.

So ein offizieller Besuch kommt selten zu ihnen. Das ganze Dorf erwartet gespannt die drei Männer. Was sie wohl bei ihnen im Dorf wollen? Jara weiß es nicht. Sie weiß aber, daß sie ihrer Mutter dabei helfen wird, den Herren aus der Stadt das Essen zuzubereiten. Jara wird Hirse stampfen müssen. Und vielleicht darf sie auch beim Servieren des Essens helfen. Dann kann sie die drei Besucher vielleicht ganz aus der Nähe sehen.

Unter dem alten Baobab in der Mitte des Dorfes geht es nicht immer so lebhaft zu wie an diesem Abend. Überall sitzen kleine Gruppen von Männern und reden lautstark miteinander. Die Frauen stehen etwas abseits. Aber sie unterhalten sich nicht weniger erregt. Die Dorfversammlung, die der landwirtschaftliche Berater, der Bezirksvorsteher und der Unterpräfekt einberufen hatten, ist beendet.

Die Herren aus der Stadt haben sich mit den Dorfältesten unter dem großen Baum niedergelassen, um das Abendessen einzunehmen. Und Jara darf sie bewirten. Sie ist aufgeregt. Aufmerksam beobachtet sie, wie die Dorfältesten mit den drei Gästen reden.

Sie behandeln sie höflich, aber sehr zurückhaltend. Jara merkt sofort, daß irgend etwas auf der Versammlung geschehen sein muß. Sonst würden auch nicht so viele Gruppen zusammenstehen und hitzig diskutieren.

Jara trägt die Hirse-Boule durch das Gedränge zum Tisch unter dem Baum. Dabei versucht sie bewußt langsam zu gehen, um aus den Gesprächen der Männer etwas zu erfahren.

Zunächst bekommt sie nur Wortfetzen mit.

»Keine Hirse«, hört sie. Und »Baumwolle«.

Irgendwer ruft aufgeregt: »Die können doch mal versuchen, Baumwolle zu essen!«

Jara kann sich auf alles keinen Reim machen. Es ergibt einfach keinen Sinn. Wie sie am Tisch unter dem Baum ankommt, stellt sie die Schüssel mit der Boule auf die Tischplatte. Der Berater lächelt ihr zu. Jara wird ganz heiß. Verlegen lächelt sie zurück. Aber der Mann bemerkt es gar nicht. Er ist schon wieder mitten im Gespräch mit den anderen.

Und jetzt versteht Jara endlich, was geschehen ist. Die drei Männer aus der Stadt haben auf der Versammlung angeordnet, daß alle Bauern ihre Hirsepflanzen aus dem Boden reißen müssen. Statt dessen sollen sie Baumwolle anpflanzen.

»Das bringt mehr Geld«, sagt der Berater beschwörend.

»Aber Geld kann man nicht essen«, entgegnet einer der Dorfältesten. »Um satt zu werden, müssen wir Hirse kaufen. Und die müssen wir teuer bezahlen. Da bauen wir sie doch lieber selber an.«

Der Unterpräfekt kann sich kaum noch halten: »Man muß aber auch an das ganze Land denken. Wenn wir zum Beipiel Autos, Fernseher oder Weizenmehl für Brot aus dem Ausland kaufen wollen, brauchen wir Geld. Oder etwa nicht?« Er sieht in die Runde, um jeglichen Widerspruch sofort zu entdecken. »Und Geld bekommen wir nur, wenn wir etwas anbauen, was wir im Ausland verkaufen können. Zum Beispiel Baumwolle. Mit dem Geld können wir dann alles einkaufen, was unser Land braucht.«

»Aber Autos, Fernseher und Brot, das habt doch nur ihr in der Stadt«, unterbricht ihn ein Mann. »Und wir sollen das alles bezahlen!«

»Aber der Fortschritt ...«, versucht der Berater zu beschwichtigen.

»Fortschritt! Fortschritt!« ruft ein anderer erregt.

»Ist das etwa Fortschritt, wenn wir unsere Hirse kaufen müssen, anstatt sie selbst anzubauen? Wer garantiert uns denn, das das Geld, das wir für die Baumwolle bekommen, auch wirklich reicht?«

Der Bezirksvorsteher versucht zu Wort zu kommen. Aber ein anderer fragt laut in die Runde: »Wenn wir jetzt die Hirse herausreißen und Baumwolle pflanzen, wovon sollen wir denn dann bis zur ersten Baumwollernte leben?«

Dazu fällt den Herren aus der Stadt auch nichts ein.

Da erhebt sich der Dorfälteste: »Hirse ist die Quelle unseres Lebens«, sagt er in ruhigem Ton. »Hirse bedeutet Leben.«

»Jara!«

Das Mädchen schreckt zusammen. Das war doch die Stimme ihrer Mutter. Jara hat so gebannt zugehört, daß sie die Soße ganz vergessen hat. Sie schiebt sich durch das Gedränge zurück. Dabei hört sie, wie einige Bauern sagen, daß sie der Anordnung nicht folgen würden. Andere wenden ein, daß sie dann möglicherweise mit Bestrafung rechnen müssen. Sie meinen, daß ihnen wohl nichts anderes übrig bleibe, als die Hirse herauszureißen. Irgendeiner sagt sogar etwas von Widerstand.

Die Mutter drückt Jara unwirsch den Topf mit der Soße in die Hände. Sie weiß nicht, ob ihre Mutter über die Verspätung oder die Anordnung der Männer aus der Stadt verärgert ist. Jara nimmt den Topf und bringt ihn zum Tisch.

Als sie die Soße vor die drei Besucher hinstellt, sieht sie, daß die drei Männer die Hirse-Boule nicht angerührt haben. Sie essen Weißbrot, das sie sich aus der Stadt mitgebracht haben.

»Komm, Kleine«, sagt der Unterpräfekt zu Jara, »wenn du möchtest, kannst du ein Stück Brot haben.«

Jara ist verwirrt. Durch ihren Kopf schwirren die Worte vom Morgen. Unser tägliches Brot gib uns heute. Brot aus der Stadt. Die Hand des Unterpräfekten hält es ihr entgegen. Sie muß an das denken, was diese Männer angeordnet haben. Und dann fällt ihr wieder das Wort des Bauern ein. Widerstand hat er gesagt.

Jara dreht sich entschlossen um und kehrt den drei Männern den Rücken zu. Der Unterpräfekt schüttelt den Kopf und schiebt sich das Brot in den Mund.

Hungerpauke

Alle zwei Sekunden ertönt ein Paukenschlag vor der Schule, vor dem Kaufhaus, in der Fußgängerzone, an der Straßenbahnhaltestelle, im Bahnhof. Alle zwei Sekunden stirbt ein Kind auf dieser Welt an Hunger oder seinen Folgen. Die Paukenschläge (es können auch Schläge auf einer Trommel, einer Bongo oder Topfdeckeln oder auch Pfiffe sein) unterstreichen zwei Sätze, die man sich – auf Pappen geschrieben – umhängt: »Alle zwei Sekunden stirbt ein Kind. Es könnte überleben.«

Kocht Reis und Milch

Arroz con leche

Kocht Reis und Milch.
Ich möchte sehn
ein kleines Mädchen.
Ich weiß schon wen.
Die tanzen kann
und nähen schön
und mir die Tür aufmachen,
um spielen zu gehn.
Mit jener nicht.
Mit dieser schon.
Mit dieser will ich gern
mich im Kreise drehn.

»Arroz con leche« ist ein Kreisspiel aus Lateinamerika. Alle Kinder tanzen im Kreis und singen dabei das Lied. Ein Kind steht in der Mitte.

Das Kind aus der Mitte wählt eine Partnerin oder einen Partner und singt dabei: »Mit dieser schon ...«. Beide Kinder drehen sich kurz zusammen.

Das Spiel beginnt von vorn, nur suchen sich diesmal beide mit den Worten »Mit dieser schon ...« einen neuen Mitspieler. Es wird so lange weitergesungen, bis alle Kinder paarweise tanzen.

Gemeinsames Schulfrühstück

Der Gong ertönt. Die zweite Stunde ist zuende. Alles rennt auf den Schulhof. Frühstückspause. Doch viele haben zum Frühstücken keine Zeit. Keine Ruhe. Keine Lust. Aber mit etwas Zeit und Ruhe würde vielleicht auch die Lust kommen. Das läßt sich arangieren.

In vielen Klassen und Schulen wird bereits ein gemeinsames Schulfrühstück durchgeführt. Wenn das an deiner Schule noch nicht gemacht wird, sollten sich deine Lehrer bei jenen erkundigen, die bereits Erfahrungen damit gesammelt haben.

In einigen Grundschulen beginnt das Frühstück meist fünf Minuten vor Schluß der zweiten Unterrichtsstunde und dauert insgesamt zehn Minuten, reicht also noch fünf Minuten in die Pause hinein.

Für die gemeinsame Pausenmahlzeit bringt jedes Kind ein Frühstücksbrot mit, wobei es sich eben nicht nur um Brot handeln muß. Zu Beginn des Frühstücks werden die Tische freigeräumt und die Brote herausgenommen. Zwei Schülerinnen oder Schüler holen den Kakao und die Milch. Erst wenn die Getränke verteilt sind, wird mit dem Frühstück begonnen. Natürlich nimmt auch die Lehrerin oder der Lehrer an einem Schülertisch Platz. Was die Lehrerin ißt, wird von den Kindern genau wahrgenommen.

Ein anderer Schulkiosk

Eine Untersuchung zum Schulfrühstück machte offenkundig, daß ein Drittel aller Schüler kein Pausenbrot von zu Hause mitbringen oder von den Eltern lediglich Geld bekommen, um sich davon etwas zu kaufen. Das tun die Schülerinnen und Schüler auf dem Weg zur Schule beim Bäcker, im Lebensmittelladen oder am Kiosk in der Schule. Aber mit den Lebensmitteln, die gewöhnlich am Kiosk gekauft werden können, läßt sich in der Regel kein vollwertiges Pausenfrühstück zusammenstellen. Meist werden dort helle Brötchen, Süßigkeiten, Limonade, Cola und Fruchtsaftgetränke bevorzugt.

Eine vollwertige Ernährung, so betonen Ärzte immer wieder, ist eine Grundvoraussetzung, um sich einen Vormittag lang konzentrieren zu können. Darum sollten am Schulkiosk Lebensmittel angeboten werden, aus denen sich ein vollwertiges Frühstück zusammenstellen läßt. Durch ein solches Angebot kann auch gezeigt werden, daß ein ›gesundes‹ Frühstück schmecken kann.

Ein Vollwert-Schulkiosk kann auch mithelfen, den täglichen Schulmüll zu verringern. Verpackungen von Süßigkeiten, Joghurtbechern, Trinkpäckchen, Getränkedosen, Papier, Aluminium oder Frischhaltefolien bringen die Abfallkörbe in der Schule und auf dem Schulhof zum Überquellen. Sie sind ein Teil jener sechs bis acht Zentner Müll, die jeder von uns jährlich in der Bundesrepublik produziert. Der schuleigene Kiosk könnte neben der Ermöglichung einer ausgewogenen Ernährung dazu beitragen, den täglich anfallenden Verpackungsmüll zu verringern, vor allem, wenn darauf geachtet wird, alles möglichst ohne Verpackung abzugeben, Depots für schülereigene Becher und Löffel einzurichten und organische Abfälle zu kompostieren. Der Kompost ließe sich im Schulgarten wieder verwenden (siehe Seite 78).

Mit und ohne Sandalen

Schuhe sind für viele Kinder in Afrika, Asien und Lateinamerika ein unerschwinglicher Luxus. Für sie ist Barfußlaufen meist selbstverständlich. Zahlreiche Kinder bei uns wissen kaum noch, wie es sich anfühlt, barfuß zu gehen. Oft wird eine solche Erfahrung nur noch auf dem Teppichboden des Schlafzimmers oder im Urlaub gemacht.

Auf einem Schul- oder Kinderfest soll allen Besuchern zu einer solchen Erfahrung verholfen werden. Aus offenen, flachen Kisten wird ein Parcours zusammengestellt. Jede dieser Kisten enthält etwas anderes: Kieselsteine, Kies, Sand, Lehm, Blätter, Waldboden, Moos, Stroh, Holz, Baumrinden und vieles andere mehr. Barfuß über diesen Parcours zu gehen, kann für viele ein neues oder längst vergessenes »Fußerlebnis« sein.

Schuhe – selbstgemacht

Wer sich in Afrika, Asien und Lateinamerika Schuhe leisten kann, hat selten welche aus Leder. Weit verbreitet, weil besonders billig, sind Sandalen, die aus alten Autoreifen hergestellt werden. Die kann man auch hier selber machen. Dazu benötigt man einen alten Autoreifen. Es sollte allerdings einer ohne Drahtverstärkung

sein. Außerdem werden ein alter Radschlauch, Pappe, Stift, Kreide, Schere, Teppichschneider, Hammer und kleine Nägel benötigt.

Die Füße werden auf die Pappe gestellt. Mit einem Stift wird der Fuß umrundet, so daß eine passendene Sohlenform entsteht, die ausgeschnitten wird. Diese Form wird auf ein Stück des Reifens (Innenseite) gelegt, mit Kreide abgezeichnet und mit dem Teppichschneider mit viel Kraft und Vorsicht ausgeschnitten. Aus dem Radschlauch werden pro Sandale zwei Riemchen geschnitten und am Fuß angepaßt, so daß sie quer über den Spann reichen. An beiden Seiten werden sie mit Nägeln seitlich an der Sohle festgenagelt. Für viele Kinder sind solche Sandalen die einzige Fußbekleidung. Wie kannst du in ihnen laufen?

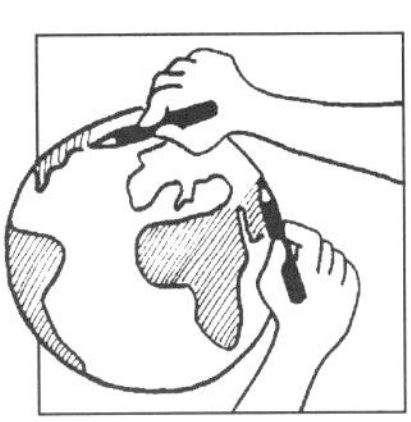

Wohnungsplan

Das Recht auf eine angemessene Wohnung ist auch in Deutschland für viele Kinder alles andere als Wirklichkeit. Gerade Familien, die von Langzeitarbeitslosigkeit betroffen sind oder von Sozialhilfe leben müssen, kinderreiche Familien oder Alleinerziehende haben oft große Schwierigkeiten, eine Wohnung zu finden, die sie bezahlen können. Hier muß der Staat mit Gesetzen und Unterstützung helfen, damit auch Kinder aus diesen Familien zu ihrem Recht kommen.

Zeichne einen Plan eurer Wohnung, und wenn du ein eigenes Zimmer hast, auch einen davon. Vergleiche ihn mit denen deiner Klassenkameradinnen und Klassenkameraden. Erkundige dich auch danach, zu wievielt sie in ihrer Wohnung leben.

Mieten

Es werden verschiedene Gruppen gebildet. Jede erhält die Seiten der Tageszeitung mit dem Wohnungsmarkt. Aus ihm soll sich jede Gruppe eine Wohnung suchen. Wenn alle eine gefunden haben, werden die Mietpreise verglichen. Wieviel muß man verdienen, um in diesen Wohnungen leben zu können?

Weltstadt

Wichtig ist, daß alle Menschen ein Dach über dem Kopf haben. Wie dieses Dach aussieht, ist von Land zu Land, von Kultur zu Kultur unterschiedlich. Es gibt zahlreiche unterschiedliche Wohnformen. Aus verschiedenen Materialien werden Modelle gebastelt: ein Modell des eigenen Wohnhauses aus Pappe, ein afrikanisches Haus aus Lehm, ein Eskimo-Iglu aus Styropor, ein lateinamerikanisches Adobehaus aus kleinen Lehmziegeln, ein Betonhochhaus aus einem Schuhkarton, eine Blockhütte aus Streichhölzern und Stöckchen. Jeder in der Gruppe kann ein oder mehrere Modelle bauen. Diese verschiedenen Häuser und Wohnstätten werden zu einer »Weltstadt« zusammengestellt.

Das Recht auf Gesundheit

Gesundheit für alle

Wenn von den Kindern dieser Welt die Rede ist, darf eine Zahl nicht verschwiegen werden: 40 000 Kinder sterben täglich an Untererernährung oder Folgekrankheiten, die längst behandelbar sind. 1988 gab es noch immer fünfzehn Länder, in denen jedes fünfte Kind das sechste Lebensjahr nicht erreichte. Das ist allseits bekannt und doch unvorstellbar.

Die Kinderrechtskonvention fordert ein Recht auf Gesundheit für alle Kinder. Die Fachsprache, in der das in der UN-Konvention geschieht, ist sehr kompliziert. Die Kinder in Südafrika drücken es in ihrer Charta einfacher und konkreter aus:

1. Alle Kinder haben das Recht auf angemessene Gesundheitsversorgung und medizinische Betreuung sowohl vor als auch nach der Geburt.

2. Alle Kinder haben das Recht auf Schutz vor gefährlichen und giftigen Substanzen wie zum Beispiel Zigaretten, Drogen und Alkohol und sollten über die Auswirkungen auf ihre Gesundheit und die Umwelt informiert werden.

3. Alle Kinder haben das Recht auf freie und umfassende Dienstleistungen im Gesundheitsbereich, besonders in Schulen, einschließlich Vorsorge, Behandlung von Krankheiten und psychologischer Behandlung.

4. Alle Kinder haben das Recht, gesundheitliche und medizinische Versorgung zu fordern, ohne die Erlaubnis ihrer Eltern oder Betreuer einzuholen.

5. Alle Kinder haben das Recht, vor AIDS geschützt und über AIDS aufgeklärt zu werden und entsprechend gesundheitlichen Schutz und Betreuung zu erhalten. Jedes Kind, dessen Familie mit AIDS infiziert ist, sollte spezielle Betreuung erhalten und besonderen Schutz genießen.

8. Behinderte Kinder haben das Recht auf besonderen Schutz und besondere Gesundheitsversorgung.

Das Problem ist lösbar

25 Milliarden US-Dollar reichen aus, um die auf dem Weltgipfel für Kinder 1990 formulierten Ziele einzulösen: die wichtigsten Krankheiten zu kontrollieren, Unterernährung und Müttersterblichkeit um die Hälfte, die Kindersterblichkeit um ein Drittel zu reduzieren. Sie reichen für die medizinische Versorgung, Trinkwassersysteme und Hygieneerziehung, für Müttervorsorge und Familienplanung und Grundbildung für jedes Kind.

Wenn diese Ziele erreicht werden, könnten jährlich vier Millionen Kinder vor dem Tod gerettet werden. Dank der Erkenntnisse und Erfahrungen der letzten Jahre mit kostengünstigen und einfachen Mitteln in der Gesundheitsvorsorge, bei Ernährung und Erziehung, verfügt die Menschheit heute über die Möglichkeit, diese Tragödie zu beenden. Die Summe, die bereitgestellt werden muß, ist gering: 25 Milliarden US-Dollar. Das ist weniger, als die Europäer für Wein oder die Amerikaner für Bier in jedem Jahr ausgeben. Zu verweigern, was jetzt getan werden könnte, Unterernährung, Krankheit und Analphabetismus zu bekämpfen, bedeutet, stillschweigend einem Urteil über unsere Welt zuzustimmen, das besagt, daß diese Kinder nichts zählen, weil sie die Kinder der Armen sind.
(James P. Grant, UNICEF-Exekutivdirektor, 1993)

Zur Situation der Kinder in der Welt

Daten, Zahlen, Fakten

Das Kinderhilfswerk der Vereinten Nationen UNICEF hat in seinem Bericht »Zur Situation der Kinder in der Welt 1993« Zahlen zur Gesundheitssituation der Kinder zusammengestellt:

– Täglich sterben 35 000 Kinder einen sinnlosen Tod an leicht vermeidbaren Krankheiten. Das sind 13 Millionen in jedem Jahr.

– Masern, Tetanus und Keuchhusten könnten sehr einfach durch Impfungen vermieden oder behandelt werden. Doch jeden Tag sterben etwa 6000 Kinder in der »Dritten Welt« an diesen drei Krankheiten.

– Kinderlähmung gibt es inzwischen in Lateinamerika nicht mehr. In den anderen Teilen der Erde wurden die Erkrankungen um 80 Prozent verringert.

– Vitamin A-Mangel ist die Ursache für 20 bis 30 Prozent aller Todesfälle von Kindern in der »Dritten Welt«. Jährlich erblinden 250 000 Kinder aufgrund von Vitamin A-Mangel.

– Durchfallerkrankungen töten jährlich drei Millionen Kinder. Jedes vierte Kind, das stirbt, stirbt an Durchfall.

– Mehrere hundert Millionen Kinder leiden an Jodmangel, oft ohne daß sie oder ihre Eltern davon wissen. Jodmangel führt zu körperlichen und geistigen Entwicklungsstörungen und in einigen Fällen zu schweren Hirnschäden.

– Lungenentzündung ist heute die am weitesten verbreitete und häufigste Todesursache von Kindern. 3,5 Millionen Kinder fallen ihr jährlich zum Opfer. In den meisten Fällen könnte eine Behandlung mit Antibiotika für weniger als 50 Pfennig das Leben retten.

– Würden alle Babies während der ersten sechs Monate ausschließlich gestillt, könnte in jedem Jahr der Tod von etwa einer Million Säuglingen vermieden werden.

– In vielen Ländern erhalten Jungen mehr Zuwendung und besseres Essen als Mädchen. Als Folge unzureichender Zuwendung und Pflege sterben jährlich etwa eine Million Mädchen.

Die Kinder vom Rauchenden Berg

»Exotisch. Paradiesisch!« So werben bunte Touristenprospekte für die Philippinen. Paradiesisch aber ist das Leben dort nur für sehr wenige Menschen. Für die meisten sieht es ganz anders aus, vor allem für die am Smoky Mountain, am Rauchenden Berg. So heißt nicht etwa ein Vulkan, sondern die riesige Müllhalde der Hauptstadt Manila.

Der Berg erhebt sich bis zur Höhe eines achtstöckigen Hochhauses. Schon von weitem kann man seinen Rauch sehen. Nähert man sich, beißt er in den Augen. Hat man den Berg erreicht, beginnt man zu husten. Es stinkt entsetzlich. Unter den Füßen wird es heiß, denn durch Druck und Hitze entzündet sich der Müll. Feuer und Qualm machen das Arbeiten hier unerträglich. Die Hütten auf und am Rand des Müllberges sind in beißenden Rauch gehüllt. 18 000 Menschen, die Hälfte von ihnen Kinder, sollen hier auf und von dem Müll Manilas leben.

Rund um die Uhr suchen die Menschen nach allem, was noch irgendwie verwertbar ist. Sie sammeln Papier, Holz, Knochen, Pappe, Plastiktüten, Metallteile, Kupferdrähte, Glasscherben, Kronkorken, ja sogar Essensreste. Sie arbeiten in drei Schichten: eine Schicht am Vormittag, eine am Nachmittag und eine nachts. Tagsüber ist es besonders heiß, nachts ist es erträglicher. Dafür ist es im Dunkeln schwieriger, etwas Brauchbares zu finden. Im Schein von Funzeln und kleinen Öllampen durchwühlen die Menschen dann den Boden. Umgerechnet sind es nur Pfennige, die die kleinen und großen Müllsammler mit dem, was sie hier finden, verdienen. Selbst wenn alle Kinder der Familie mithelfen, reicht es vorne und hinten nicht.

Das wichtigste Arbeitsgerät der Müllkinder ist der Kalahig, ein Grabehaken, und der Buso, der Korb. In den stecken sie alles hinein, was sie gebrauchen können. Schon wenn die Müllwagen den Berg heraufkommen, springen die Kinder auf die Ladefläche. Wer zuerst kommt, hat die größten Chancen. Das ist nicht ganz ungefährlich, denn wenn der Fahrer die Ladefläche ankippt, fallen Kinder und Müll herunter. Außerdem befinden sich überall versteckte Löcher im Müll. In vielen von ihnen brennt es noch. Überall liegen Scherben. Unfälle sind deshalb an der Tagesordnung.

Zahlreiche Menschen, die auf dem Smoky Mountain leben, leiden wegen des ständigen Qualms an Lungenkrankheiten. Zwar liegt ein Krankenhaus in Sichtweite, aber die Bewohner vom Rauchenden Berg können nicht einmal die Aufnahmegebühr bezahlen. Auch eine Schule könnten sich diese Kinder nicht leisten. Wer schon nicht genug zu essen hat, für den ist Schulbildung ein unerreichbarer Luxus.

Miriam und John
(Afrika)

An einer Landstraße in Afrika: Der Bus, der sich bereits in der Ferne durch eine hohe Staubfahne ankündigte, war noch nicht zu sehen. Miriam holte das Tuch mit dem kleinen John vom Rücken und gab ihm die Brust.

Stolz lächelte sie ihn an. Ein richtiger, starker Mann sollte er werden, ein Mann, wie ihn die Plakatwände an der Straße zeigten.

Als der Bus hielt, stieg Miriam ein. Durch das Dröhnen des Motors drang krächzend Musik. Plötzlich brach sie jäh ab. »Gib deinen Kind Liebe und Lactogen!« tönte eine freundliche Stimme aus dem Lautsprecher. »... macht Männer stärker, Frauen fröhlicher und Kinder intelligenter.«

Miriam fuhr in die Stadt. Auf dem Markt herrschte ein reges Treiben, und an den Hauswänden hingen große Plakate. Auch eines mit einem strahlenden Baby, das nach einer Flasche griff. Den Text konnte Miriam nicht lesen. Aber die blaue Dose mit dem Milchpulver, die neben dem Baby abgebildet war, kannte sie. Die hatte sie schon oft gesehen. Das war es: Lactogen. Lactogen und Liebe! Miriam liebte John. Aber tat sie wirklich alles, damit er stark und kräftig wurde?

Die Frauen in der Stadt, vor allem diejenigen, die wohlhabend waren, fütterten ihre Kinder von klein an mit der Flasche. Ja, wenn sie John die Flasche geben würde, dachte Miriam, dann würde für ihn auch ein anderes Leben beginnen. John sollte es einmal besser haben. Ihm wollte sie alles geben: Lactogen und Liebe!

Miriam kaufte die blaue Dose, eine Flasche und einen Sauger. Doch das Milchpulver war schneller aufgebraucht, als Miriam gedacht hatte. Für den Kauf der zweiten Dose mußte sie schon ihr restliches Geld zusammenkratzen und für die dritte die Zwiebeln und Tomaten ernten, die eigentlich noch gar nicht ausgereift waren. Aber John schrie. Und Miriam wollte, daß er so wurde wie das Baby auf den Plakaten. Also rührte sie Lactogen mit einer größeren Menge Wasser an, damit sie länger mit der Dose auskam. Von Tag zu Tag wurde die Milch wässriger. John schrie. Wie das Baby auf den Plakaten sah er wirklich nicht aus.

Auf der blauen Dose war erklärt, daß man Flasche und Sauger möglichst nach jeder Mahlzeit sorgfältig auskochen müsse und daß man für die Zubereitung der Milch nur sauberes, abgekochtes Wasser verwenden dürfe. Aber: Miriam konnte nicht lesen. Doch auch wenn sie die Erläuterungen auf der Dose verstanden hätte, geändert hätte das nicht viel. Wo sollte sie sauberes Wasser herholen? Und wo hätte sie das viele Feuerholz hernehmen sollen, um all das Wasser abzukochen?

Als die vierte Dose leer war, wollte Miriam John wieder die Brust geben. Doch ihre Milch war inzwischen versiegt. So sehr John auch sog, die Brüste gaben nichts mehr her. Dann bekam er Durchfall, magerte ab und wurde schwächer und schwächer.

Heute ist John tot. Trotz Lactogen. Oder wegen?

Wer kennt die Täter?

Schicksale wie die von Miriam und John sind kein Einzelfall und auch kein speziell afrikanisches Problem.

»In einem Land, in dem 60 Prozent aller Haushalte mit unsauberem Wasser versorgt werden, ist es schon kriminell, die Flaschenernährung auch nur vorzuschlagen.«

So Dr. Pardo de Tavera, ehemalige philippinische Ministerin für Familie und Soziales.

Die Täter sind Babynahrungs-Hersteller. Sie bringen mit aggressiven Vermarktungsmethoden und Tricks weltweit unzählige Mütter dazu, ihren Kindern statt der Brust die Flasche mit künstlicher Milch zu geben.

Die Opfer sind Säuglinge, die dieses Vorgehen mit dem Leben bezahlen müssen – weltweit eine Million im Jahr. Milchpulver und das Holz zum Abkochen des Wassers sind teuer. Die Ersatznahrung wird darum zu dünn und bakterienversucht.

Das Ergebnis sind Infektionskrankheiten, Durchfall und Erbrechen, Unterernährung und Tod für zahllose Kinder. Und viele Millionen Mark Reingewinn für die Milchpulverindustrie.

Weltweit weisen Mütter auf Opfer und Täter hin und werden aktiv. Auf den Philippinen gibt die BUNSO-Gruppe Frauen Hilfestellung, sich für »die natürlichste und preiswerteste Ernährung ihrer Babies« zu entscheiden: das Stillen. Mütter informieren und beraten Mütter. Ehrenamtlich und mit viel Engagement. Mütter bei uns zeigen sich solidarisch: Sie boykottieren die Produkte der »Täter«-Firmen.

Ein Buch – selbstgemacht

Kluge Bücher zum Thema gibt es viele. Vielleicht gefällt den Schülern ein selbstgemachtes am besten. Selbstgemalt. Schon ein paar Seiten genügen für die Geschichte von Miriam und John. Die Geschichte kann auch szenisch dargestellt und dann fotografiert werden. Schon entsteht eine Diaschau: vertont oder mit life gesprochenem Text.

Werbung und Gesundheit

Werbung hatte einen großen Einfluß auf Miriam. Für die Gesundheit ihres Sohnes John hatte das schwerwiegende Folgen. Aber nicht nur in Afrika kann Werbung Menschen dazu bringen, Nahrungsmittel oder Medikamente zu kaufen und zu sich zu nehmen, die ihrer Gesundheit schaden. Bei uns ist das nicht anders. Ein Blick in die Werbespots des Fernsehens oder die Anzeigen von Illustrierten kann das deutlich machen. Solche Produkte aus der Werbung, die in irgendeiner Form der Gesundheit schaden können, werden von der Gruppe zusammengetragen. Dazu versuchen alle, eine Geschichte oder Reportage zu schreiben, ähnlich der von Miriam und John. Das kann ein Einstieg in eine Diskussion über Werbung und Gesundheit sein.

Diaserie im Kopf

Schülerinnen und Schüler stellen sich vor, sie müßten eine Diafolge zum Thema »Gesundheit« bei uns erstellen. Die Serie darf aber nur aus fünf Dias bestehen. Alle denken sich Bilder aus und besprechen miteinander, was die wichtigsten Aussagen und Bilder zu diesem Thema sind. Genauso läßt sich eine Diaserie über »Gesundheit in der ›Dritten Welt‹« erstellen. Was müßte auf den fünf Dias zu sehen sein? Noch sind es Bilder im Kopf. Sie lassen sich natürlich auch aufmalen. Die Bilder können mit einem Diafilm fotografiert werden, so daß eine echte Diaserie entsteht. Die Schüler können dem Thema auch mit der eigenen Kamera nachspüren.

Unter den Medien der Schule, in Mediotheken, Landesbildstellen und anderen Einrichtungen gibt es Dias aus Ländern der »Dritten Welt«.

Ein Spiel

Ob Kinder gesund aufwachsen können, hängt auch von einer gesunden Umwelt und von einer Verkehrsplanung ab, die auf sie Rücksicht nimmt.

– Male deinen Schulweg auf und kennzeichne die Stellen, an denen du besonders auf den Verkehr achten mußt. Hast du Ideen, wie dein Schulweg sicherer gemacht werden könnte?

– Lege einen Plan deines Ortes, deiner Stadt oder deines Wohnviertels an oder kopiere dir einen Ausschnitt aus einem offiziellen Plan und zeichne die Flächen, auf denen du draußen spielen kannst,rot ein. Frage deine Eltern und Großeltern, wo sie als Kind gespielt haben.

– Wo kannst du in deiner Nähe spielen? Wie groß ist das Gelände? Ist Ballspielen erlaubt?

– Wenn du auf Spielplätzen spielst, gib ihnen Noten. Oder verleih ihnen ein Siegel mit der Aufschrift »Kindergeprüft«. Wie sieht es mit den Spielgeräten auf ihnen aus? Wie ist es mit Hunden, Glasscherben usw?

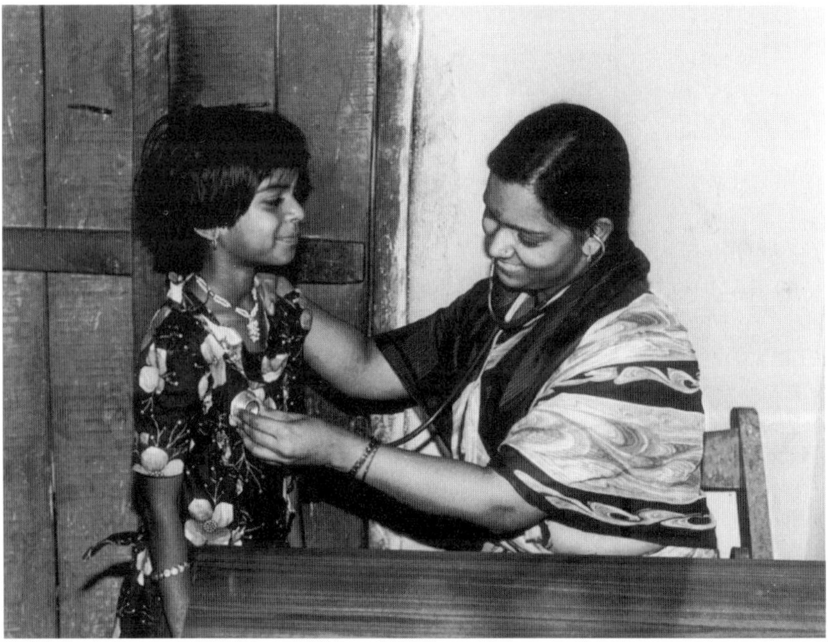

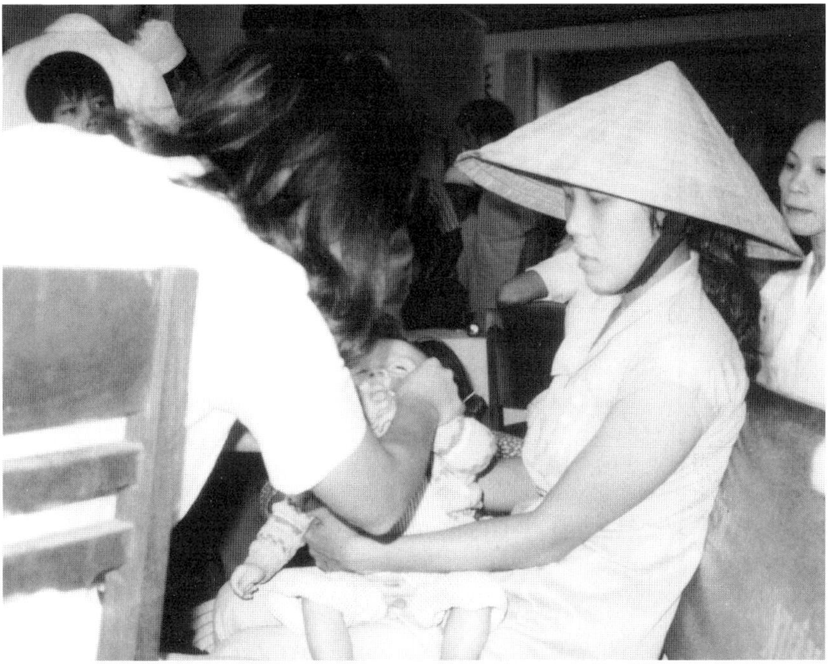

– Wie wäre es, wenn du gemeinsam mit deinen Freundinnen und Freunden mit Kameras losziehen würdest und ihr versuchtet, jene Plätze im Bild festzuhalten, auf denen ihr spielen könnt? Dabei könnt ihr auf besonders vorbildliche und auf besonders kritikwürdige Beispiele achten. Aus den Fotos könnt ihr eine kleine Ausstellung machen, die zeigt, wie es um eure Spielsituation bestellt ist. In einem zweiten Teil eurer Ausstellung könnt ihr Zeichnungen und Entwürfe von solchen Plätzen zeigen, wie ihr sie euch zum Spielen vorstellt und wünscht. Schließlich müßt ihr euch überlegen, wem und wo ihr eure Ausstellung zeigt, damit sie denen Anregungen zu Veränderungen geben kann, die schon lange nicht mehr auf Spielplätzen gespielt haben, aber den Einfluß hätten, etwas zu verändern.

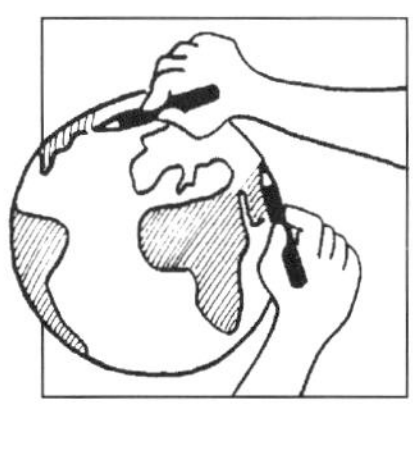

Das Recht auf Frieden

Krieg ist Gewalt – besonders für Kinder

Seit dem Zweiten Weltkrieg wurden weltweit mehr als 170 Kriege gezählt. Immer häufiger sind die Opfer in diesen Kriegen Zivilisten. Waren es im Ersten Weltkrieg »nur« fünf Prozent der Toten, so stieg ihr Anteil bei den Kriegen der vergangenen Jahre auf 70 Prozent, in manchen sogar auf weit über 90 Prozent. Unter diesen zivilen Opfern befinden sich immer mehr Kinder.

Nach UNICEF wurden während der achtziger Jahre mehr als 1,5 Millionen Kinder im Krieg getötet. Über vier Millionen Kinder wurden durch Bomben, Minen, Waffen oder Folterungen verkrüppelt. 12 Millionen Kinder verloren ihr Zuhause. Ob »offene« oder »verdeckte« Kriege: immer zählen die Kinder zu den Leidtragenden. Sie sind die wehrlosesten Opfer.

Krieg hinterläßt zerstörte Familien und damit zahlreiche Kinder mit seelischen Schäden. Die seelischen Wunden, die Kindern zugefügt werden, sind oft weniger offensichtlich, aber nicht minder grausam als die körperlichen. Eine Untersuchung in Mosambik stellte fest, daß von 50 befragten Kindern 42 Mutter oder Vater infolge von Gewaltakten verloren und elf von ihnen den Tod eines Elternteils mit angesehen oder angehört hatten, 29 hatten einen Mord miterlebt und 16 waren entführt worden. Alle Kinder waren bedroht und geschlagen worden und man hatte sie hungern lassen. Für Kinder, die so etwas miterleben mußten, geht Krieg nie zu Ende. Tief im Innersten wird sie das, was sie gesehen und erlebt haben, nie loslassen.

Kinder leiden aber nicht nur als Zivilisten. In vielen Ländern werden Kinder und Jugendliche als Soldaten eingesetzt.

Manche Kriege in Ländern der »Dritten Welt« wären nicht möglich gewesen, hätten die Industrieländer die Militärs nicht mit Waffen versorgt.

Die Bundesrepublik Deutschland zählt zu den weltweit führenden Rüstungslieferanten; inzwischen liegt das wiedervereinigte Deutschland auf Platz drei der weltweiten Waffenverkäuferliste. So kamen zum Beispiel deutsche Waffen in Äthiopien, Afghanistan, im Iran-Irak-Krieg, in Nikaragua, in Sri Lanka, im südlichen Afrika, im Nahen Osten und im Kurdengebiet zum Einsatz – auch gegen Kinder.

Die Kinderrechtskonvention fordert, »daß von einem bewaffneten Konflikt betroffene Kinder geschützt und betreut werden« müssen.

Allee

(Philippinen)

Wenn es dunkel wird und Allee sich schlafen legt, ist alles wieder da. Die Erinnerungen tauchen mit der Dunkelheit wieder auf. Erinnerungen an eine schreckliche Nacht.

Allee spricht ungern über diese Nacht. Sein Hals schnürt sich zu, wenn er an sie denken muß. Und das muß er oft. Jeden Abend. Nur mit wenigen Menschen kann er über das, was er erlebt hat, reden: mit seiner Tante und mit den Mitarbeiterinnen des Rehabilitationszentrums für Kinder. Aber seine Tante lebt weit weg, in Barangay, Trinidad. Auch Allee hat dort gelebt, bis zu jener Augustnacht.

Die Familie Cuizon hatte sich gerade zum Schlafen hingelegt. Caixto Cuizon lag noch wach. Allee hörte, wie sich sein Vater unruhig auf seiner Matte hin- und herwälzte, weil er nicht einschlafen konnte. Ob er an die Ernte dachte? Oder an die Soldaten, die das Leben im Dorf unsicher machten? Sonst war alles still. Nur das gleichmäßige Atmen seiner Mutter und von Karen war zu hören. Allees Schwester war zwei Jahre jünger als er. Er selbst war bereits zehn.

Plötzlich wurde es laut. Allee hörte schwere Schritte vor dem Haus. Er vernahm Rufe. Dann brach die Hölle los. Männer stürmten herein. Sie schossen auf die Matten. Die Schmerzen, die Allee in seinen Beinen spürte, waren so heftig, daß er nicht einmal schreien konnte.

An mehr kann sich Allee nicht erinnern. Die Soldaten dachten, daß alle tot wären, und stürmten zum Nachbarhaus. Dort lebte Allees Onkel Bernado. Er wurde vor den Augen seiner Familie erschossen. Auch sein vierjähriger Sohn Brian wurde getroffen. Eine Kugel zerfetzte seinen Fuß.

In dieser Nacht verlor Allee seine Eltern, seine Schwester und seinen Onkel. Er selbst hatte einen Schreifschuß am rechten Bein. Das linke war von zwölf Kugeln durchsiebt.

Der Arzt, der ihn in Surigao behandelte, konnte die schwierige Operation, die notwendig wurde, nicht durchführen. Allee mußte nach Manila gebracht werden. Dort versuchten die Ärzte in einem Krankenhaus, die zersplitterten Knochen wieder zusammenzufügen. Aber auch nach der

Operation blieb Allees rechter Fuß geschwollen und voller breiter Narben. Von nun an mußte er auf Krücken gehen.

Allee konnte im Rehabilitationszentrum für Kinder unterkommen. Er war froh darüber. Aber trauen konnte er den Menschen dort nicht. Er kannte sie ja nicht. Seit jener Augustnacht traute er ohnehin keinem mehr. Die anderen Kinder im Zentrum sangen Lieder zu seiner Begrüßung. Allee sah sie mißtrauisch an, einen nach dem anderen. Eine Frau legte ihren Arm um seine Schulter.

»Das war unser Begrüßungsständchen für dich. Hast du nicht Lust, ein Lied mitzusingen?«

Die Frau lächelte ihm aufmunternd zu. Allee sah sich unsicher um und ließ seine Blicke durch den Raum gleiten. Er wußte, daß seine Lieder nicht jedem gefielen. Er kannte nur Lieder, die die Bauern zu Hause sangen, die seine Eltern gesungen hatten. Lieder von mordenden Soldaten, Lieder vom Leben im Gefängnis, Lieder voller Traurigkeit.

Aber es waren auch Lieder voller Kraft. Sie sangen vom Widerstand der Bauern gegen das Militär, von ihrem Kampf gegen Ausbeutung und Unterdrückung.

Irgendwann begann Allee doch zu singen. Die Frau bat ihn, ihr das Lied beizubringen. Langsam faßte er Zutrauen. Er begann zu reden. Auch über Dinge, über die er sonst mit niemandem sprach. Er berichtete sogar von jener Nacht im August.

Von Woche zu Woche wurde er offener. Und ganz allmählich kam sogar ein bißchen von seiner alten Fröhlichkeit zurück. Langsam begann ein neues Leben für Allee. Aber eines blieb: Wenn es dunkel wird und er sich schlafen legt, ist alles wieder da. Die Erinnerungen tauchen mit der Dunkelheit auf. Vergessen können wird er sie nie.

Weiße Tücher

Während des Golfkrieges gingen vor allem Schülerinnen und Schüler auf die Straße. In zahlreichen Orten wurden Mahnwachen und Schweigekreise durchgeführt. Viele Menschen hängten weiße Tücher oder Bettlaken an ihre Fenster, um so ihre Ablehnung des Krieges öffentlich zu bekunden. Eine solche Aktion kann dazu beitragen, gegen die Gefühle der persönlichen Ohnmacht und Verzweiflung den gemeinsamen Friedenswillen zu setzen und öffentlich kundzutun. In verschiedenen Orten wurden bronzenen oder steinernen Kriegern, Heerführern, Fürsten und Kriegspolitikern auf Denkmalsockeln weiße Armbinden geschenkt.

Holzkreuze

Einige »terre des hommes«-Gruppen bauten aus einfachen Holzlatten Kreuze, strichen sie weiß an und stellten sie auf Verkehrsinseln, in Grünanlagen und anderen öffentlichen Flächen auf. Daneben brachten sie Schilder mit Losungen gegen den Krieg an.

Arche Noah

Als der Krieg am Golf ausgebrochen war, riefen mehrere Jülicher Initiativen zu einer ungewöhnlichen Aktion auf: Gemeinsam mit der Jülicher Bevölkerung wollten sie auf dem Schloßplatz der Stadt eine Arche Noah bauen und damit »ein Signal der Hoffnung für eine zukünftige Gesellschaft« setzen, »die ehrfürchtig mit dem Leben umgeht«. Symbolisch sollte mit dieser Aktion »zum Aufbau einer neuen, menschlichen Gesellschaft« aufgerufen werden, »die friedfertig in sich und im Einklang mit der Natur lebt, das Leben auf der Erde nicht sinnlos auslöscht, sondern bewahrt und achtet«.

Alle Bürger der Stadt, vor allem aber Jugend- und Kindergruppen, Klassen und Kindergärten, sollten mithelfen. Es begann bei eisiger Kälte. Zunächst mußte ein Floß gezimmert werden, das die Arche tragen sollte. Neben dem Floß wurde eine Stellwand errichtet, auf der die Bewohner der Stadt aufschreiben sollten, was sie – ideell und materiell – für einen symbolischen Neuanfang der Gesellschaft mit in die Arche nehmen wollten. Kinder und Jugendliche waren aufgerufen, Bilder zum Thema

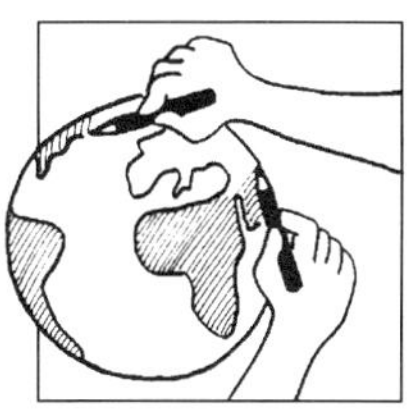

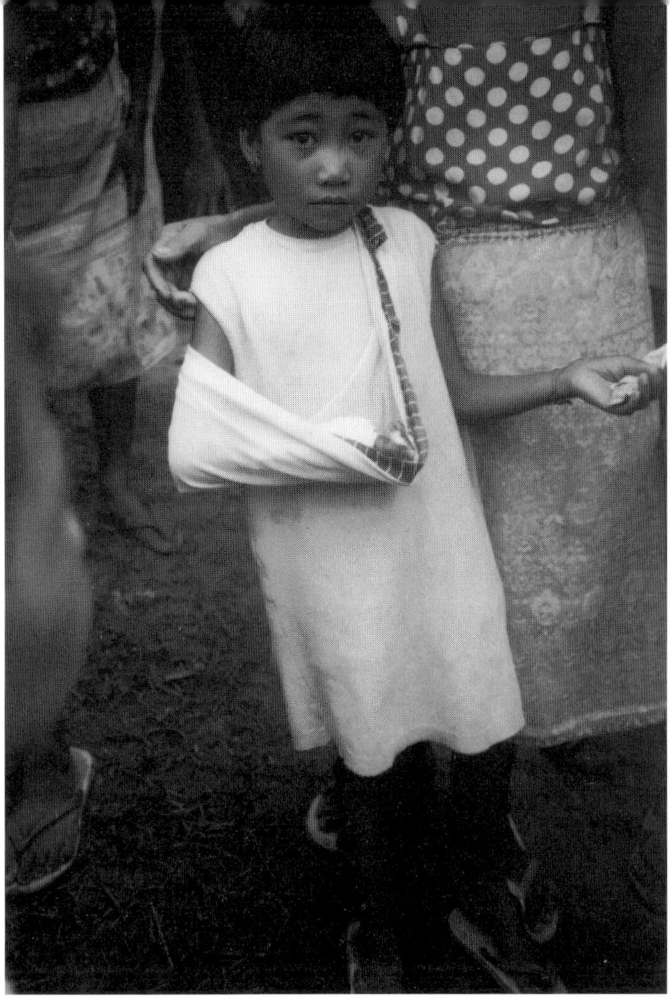

»Arche Noah« zu malen oder Tiere aus Holz, Gips oder Ton herzustellen, die später in der Arche Platz finden sollten. Nach Ende des Krieges sollte die Arche Noah als Denkmal auf dem an der Baustelle der Nato-Zentrale gelegenen Glimbacher Friedensacker aufgestellt werden.

»In einer Zeit der Krisen und Kriege werden Ängste, Ohmachtsgefühle, Pessimismus und Weltuntergangsstimmung geweckt«, war auf einem Flugblatt zu lesen. »Es ist notwendig, über die jetzige Situation nachzudenken, menschliche Konflikte – auch auf dem Privatsektor –, politische Krisen und Kriege als Lehrstücke zu betrachten und darüber nachzudenken, wie es weitergehen soll.«

Viele hat das Projekt zum Nachdenken gebracht. Und es kann Anregung sein, in Schulen, Gruppen, Vereinen und Gemeinden ähnliche Aktionen durchzuführen.

Umrüsten

Eine einfache Aktion gegen Kriegsspielzeug: Im Rahmen eines Flohmarktes oder Straßen- oder Schulfestes kann Kriegsspielzeug gegen anderes Spielzeug umgetauscht werden. Das Kriegsspielzeug läßt sich mit etwas Phantasie »umrüsten«. So wird aus einem grünen Plastikschwert, zwei Panzerkanonen und der Spitze eines Kunststoffmessers ein vierachsiger »Tausendfüßler« zum Nachziehen für kleine Kinder. Aus den Lafetten zweier Kanonen entsteht ein lenkbarer Leiterwagen, aus einem Schützenpanzer und einem Armeelastwagen ein Holztransporter ... den Ideen sind keine Grenzen gesetzt.

Frieden spielen

Eine bekannte Geschichte berichtet von Kindern, die Krieg spielen. Ein Mann, der zufällig vorbeikommt, beobachtet sie, erinnert sich an seine Erfahrungen aus Kriegszeiten und wird traurig.

»Spielt doch Frieden!« schlägt er den Kindern vor. Sie sind einverstanden. Sofort wollen sie beginnen. Doch dann stutzen sie.

»Wie spielt man eigentlich Frieden?« fragen sie.

Hier ist die Geschichte zuende. Eine Antwort gibt sie nicht. Aber vielleicht hast du eine Idee, wie man Frieden spielen kann, vielleicht sogar viele.

Friedenslied

Text und Musik: Elisabeth Klatte

Aller Streit und alle Kriege
werden zur Vergangenheit
jeder Krieg ist ohne Siege
jedem Volke bringt er Leid.

Drum kommt, helft uns Frieden schaffen.
Strebt danach das es gelingt.
Heut zerbrecht noch alle Waffen,
geht den Weg, der Frieden bringt.

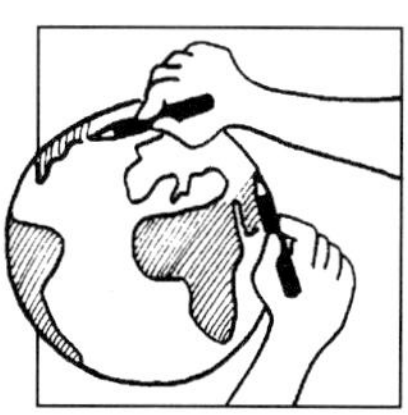

Das Recht auf Bildung

Unerreichbarer Luxus

Während für Kinder bei uns der Schulbesuch eine Selbstverständlichkeit ist, bleibt er für viele Kinder in der »Dritten Welt« ein Wunschtraum. Wo Menschen ums Überleben kämpfen, wird Bildung zu einem oft unerreichbaren Luxus. Beinahe eine Milliarde Menschen weltweit können weder lesen noch schreiben. Das ist jeder fünfte Mensch auf der Erde. 98 Prozent von ihnen leben in der »Dritten Welt«. Die meisten sind Mädchen und Frauen. Auch in der Bildung haben Mädchen und Frauen die geringeren Chancen. Zwei von drei Menschen, die nicht lesen und schreiben können, sind Frauen.

Mehr als 100 Millionen Kinder im Alter zwischen sechs und elf Jahren haben noch niemals eine Schule von innen gesehen. Wird diese Entwicklung so weitergehen, dann werden im Jahre 2000 etwa 200 Millionen Kinder nicht eingeschult sein.

Und selbst da, wo Schulbildung zugänglich wäre, vermittelt sie oft wenig Wissen, das im alltäglichen Leben benötigt wird. Viele Kinder brechen die Schule ab, bevor sie die Grundschulzeit beendet haben, oft weil sie mitarbeiten müssen, damit die Familie überleben kann. Weltweit gesehen schließt nur etwa die Hälfte aller Schüler die Grundschule ab.

Viele Länder werden ärmer und können immer weniger Geld für Bildung ausgeben. Gerade darum fordert die Kinderrechtskonvention ein Recht auf Bildung. Das heißt, daß alle Kinder ein Recht darauf haben, alles zu lernen, was sie lernen wollen und was sie lernen können. Darum muß jedes Kind die Möglichkeit haben, eine Schule zu besuchen. Damit ein Kind nicht daran gehindert werden kann, heißt es in der Konvention, daß der Besuch einer Grundschule verpflichtend ist. Alle Kinder müssen sie besuchen, und der Besuch darf nichts kosten.

Fatu

(Senegal)

Fatu ist Lehrerin. Sie lebt in Sibassor, einem kleinen Dorf in Senegal in Westafrika. Fatu ist dunkelbraun, fast schwarz. Ihr Haare hat sie zu kleinen Zöpfchen geflochten, die zu kunstvollen Bögen zusammengebunden sind. Aber das ist nicht ungewöhnlich, denn alle Menschen in ihrem Land sind schwarz und viele Mädchen und Frauen tragen solche Frisuren. Und doch hat es mit dieser Lehrerin etwas ganz Besonderes auf sich.

Fatu ist erst neun Jahre alt. Aber das ist noch nicht genug der Merkwürdigkeiten: Die meisten ihrer Schülerinnen und Schüler sind viel älter als sie selbst. Genauer gesagt, es sind Erwachsene, ihre Eltern. Aber gleichzeitig sind ihr Vater und ihre Mutter auch Lehrer. Eine ihrer besten Schülerinnen ist Fatu, denn Fatu geht noch zur Schule, jetzt bereits im dritten Jahr.

Das hört sich alles sehr verwirrend an und ist dabei doch so einfach: Jeder in Sibassor ist Lehrer und jeder ist Schüler. Sibassor hat nämlich eine Schule, die ganz anders ist als sonst die Schulen im Land. In dieser Schule sollen die Schüler nicht Dinge lernen, für deren Wissen sie später zwar ein Zeugnis erhalten, aber mit dem sie im Dorf nicht viel anfangen können. Sie müssen nicht die Namen der Seine-Brücken in Paris auswendig lernen oder die Reihenfolge der früheren französischen Könige. Statt dessen sollen die Schüler lernen, was sie auch wirklich im Dorfalltag brauchen.

So zeigen die Mütter in der Schule neben dem normalen Unterricht ihren Kindern, wie man näht. Und umgekehrt helfen die Kinder ihren Eltern dabei, Schreiben und Lesen zu lernen. Denn früher hatten die Eltern in dieser Gegend keine Gelegenheit, eine Schule zu besuchen. Für die meisten Erwachsenen ist es das erste Mal, daß sie auf einer Schulbank sitzen. Drei Monate lang werden sie alle gemeinsam von Lehrern unterrichtet. Doch wenn diese drei Monate vorbei sind, übernehmen die Kinder die Arbeit der Lehrer. Was sie in der Schule gelernt haben, zeigen sie zu Hause ihren Eltern. Fatu ist stolz darauf, ihrer Mutter und ihrem Vater Wörter vorschreiben und erklären zu können. Sie ist eine sehr gewissenhafte Lehrerin.

Zunächst fiel es Fatus Eltern schwer zu akzeptieren, daß ihre Tochter die Buchstaben und Wörter besser beherrschte als sie selbst. Doch sie waren ja nicht nur Schüler, sondern auch Lehrer.

Sie wußten über so viele Dingen Bescheid, die Fatu und die anderen Schülerinnen und Schüler nicht wußten: Vater im Ackerbau und in der Viehzucht; die Mutter ist eine geschickte Näherin. In dem Schulraum, dessen schmale Fenster nur ein dumpfes Licht in die Klasse fallen lassen, sitzt sie mit einigen ihrer Nachbarinnen und zeigt den Kindern die Handgriffe beim Stricken und Häkeln und erklärt ihnen den Schnitt eines Kleides.

Weil diese Schule so ganz anders ist als alle anderen, haben die Schüler dieses Projekt stolz »Schulkooperative« genannt. Es begann vor einigen Jahren, als bei den Mädchen und Jungen der Schule der Wunsch nach einer Schülerzeitung und einer kleinen Leihbücherei laut wurde. Mamadou Sarr, der Leiter der Schule, machte ihnen klar, daß man dazu Geld benötigte. Aber für so etwas hatte man in Sibassor keinen Franc übrig.

So machten sich die Schüler Gedanken, wie sie an Geld kommen könnten. Schließlich hatten sie eine Idee, oder besser: es waren gleich drei auf einmal. Sie bauten einen Stall für Hühner, deren Eier sie verkaufen konnten. Später entstand die Nähwerkstatt. Und schließlich legten sie in der Nähe der Dorfpumpe einen Garten an, dessen Gemüse sie verkauften. Doch der Garten bereitete ihnen auch große Sorgen. Das Dorf hatte nur einen einzigen Brunnen. Und der muß auch noch vier weitere Dörfer mit Wasser für Mensch und Vieh versorgen. Da reicht manchmal das Wasser einfach nicht aus, um alle Beete genügend zu gießen.

Heute sind die Schüler von Sibassor stolz auf ihre kleine, selbst angelegte Bücherei. Sie verwalten sie eigenständig und führen über alles genau Buch. Eine andere Schülergruppe erstellt eine eigene Zeitung. Ihr Problem sind die hohen Kosten für das Tippen und Abziehen der Seiten. Im Augenblick reicht das Geld nicht, um Papier für die nächste Ausgabe zu besorgen. Aber durch den Verkauf der Eier und des Gemüses hoffen Fatu und ihre Freunde, das nötige Geld bald zusammenzubekommen. Mittags kochen die Schüler ihr Essen selbst. Dazu wollen sie sich einen neuen Ofen bauen, mit dem man Holz sparen kann. Denn Brennholz ist im trockenen Senegal sehr knapp.

Jeder ist Lehrer in Sibassor. Und jeder ist Schüler. Jeder zeigt dem anderen, was er kann, ob er nun klein oder groß ist. »So wird das Dorf zur Schule«, sagt Mamadou Sarr. »Und die Schule ist ein Teil des Dorfes.«

Kinder der Freiheit

Kinder singen das Merdeka-Lied. Merdeka ist Indonesisch und bedeutet Freiheit. Man hört dieses Lied nicht oft in Indonesien. Denn was in ihm gefordert wird, entspricht nicht dem Denken, das die Staatsideologie fordert. In Sidomakmur aber gehört Merdeka zum Alltag.

Die Hälfte der Bevölkerung Indonesiens lebt in bitterer Armut. Kinder sind besonders betroffen. Aber das ist nicht das einzige, was ihnen zu schaffen macht. Viele leiden auch unter einer autoritären Ideologie, das heißt, unter einem Denken, das ihnen von der Regierung verordnet wird. Diese Ideologie verspricht ihnen eine scheinbar bessere Zukunft. Gleichzeitig entmündigt sie sie aber so stark, daß die Kinder kaum eine Chance haben, ihre eigene Zukunft zu gestalten.

Merdeka-Lied

Melodie und Text: Sidomakmur-Projekt. Musikalische Bearbeitung: Mona Manson. Textliche Bearbeitung: Hans-Martin Große-Oetringhaus

Das indonesische Kind wird in eine Welt hineingeboren, die es vom ersten Atemzug an spüren läßt, daß es ein Gemeinschaftswesen ist. Unaufhörlich wird ihm beigebracht, wie es sich in der Gemeinschaft zu verhalten hat. Daß es eingebunden ist in einen festen Bezugsrahmen von oben und unten. Daß es hineinwächst in ein Gefüge der Generationen, das von einem Netz von Rechten und Pflichten, Respektbezeugungen und Forderungen, Geben und Nehmen zusammengehalten wird. Die Gemeinschaft ist auf Harmonie eingeschworen. Auch in der Schule.

Beim Schulappell wird das besonders deutlich. Die Fahne, die jeden Morgen hochgezogen wird, ist das Symbol staatlicher Autorität und Macht, die keinen Widerspruch duldet. Beim Fahnenappell werden von einigen Schülern laut die fünf Prinzipien der Staatsideologie Pancasila vorgetragen. Sie bestimmen das gesamte Schulleben, auch die Inhalte und Lehrpläne. Sie fordern den angepaßten Schüler, der keine Fragen stellt und das Vorgegebene auswendig lernt. Kritikfähigkeit ist nicht gefragt. Gefordert wird statt dessen absoluter Gehorsam gegenüber der Obrigkeit. Sie beginnt beim Lehrer und endet beim Staatspräsidenten. So wird ein Menschentyp erzogen, der Anweisungen von oben widerspruchslos erfüllen soll. Der nichts und niemanden in Frage stellt. Der in Untätigkeit verharrt, wenn Richtlinien und Anordnungen ausbleiben.

Dann plötzlich die Kinder von Sidomakmur: Kinder der Freiheit. So nennen sie sich. Schüler auf der indonesischen Insel Java. Anpassung, Gehorsam, Untertanengeist: das wird in den staatlichen Schulen gelehrt. In ihrem Projekt, in ihrer Schule, lernen sie etwas anderes.

Sechs- bis Dreizehnjährige werden aktiv. Sie malen, basteln, modellieren, schreiben und lesen Geschichten, spielen Theater, singen und diskutieren. Kreativität, Phantasie, Selbstverantwortung, Kritikfähigkeit und Mut zum Handeln sind hier gefragt.

»Wir lassen die Kleinen erst einmal malen«, berichtet einer der Mitarbeiter des Projektes. »Sie sollen sich so ausdrücken können, wie sie sind und wie sie empfinden.« Die Bilder regen zur Auseinandersetzung mit der eigenen Wirklichkeit an. Ein Prozeß des Nachdenkens wird in Gang gesetzt.

Kreativität wird zum gemeinsamen Erlebnis. Und auch die Ergebnisse dieses Prozesses wachsen zu einem gemeinsamen Produkt. So werden Wände zu Bilderbüchern. Sie spiegeln die Erfahrungen, Wünsche und Phantasien dieser Kinder

Kinder entdecken ihre eigene Kreativität. Sie lernen viele neue Lieder. Aber genauso gerne singen sie die alten. Sie spüren, daß die traditionelle Musik die festen Wurzeln für Neues bildet. Die Instrumente dazu bauen sie sich aus Bambus und leeren Konservendosen oft selber. Sie formen Masken aus Ton, und auch hierbei finden sie die Vorbilder in der alten, reichen Kultur ihres Landes, die sie phantasievoll und spielerisch nutzen.

»Schule ist überall«, sagen die Kinder von Sidomakmur. »Jeder ist Lehrer, auch die Kinder.« Sie fordern: Merdeka, Freiheit. Denn das, so sagen sie, ist »die Kraft in uns.«

Wunschsäule

Jede Schülerin und jeder Schüler erhält drei Zettel. Auf sie schreibt jeder drei Dinge, die er an seiner Schule gerne verändern würde. Wenn alle Zettel eingesammelt sind, werden doppelte Nennungen herausgenommen. Die restlichen Vorschläge werden nach ihrer Wichtigkeit an eine Säule, einen Pfeiler oder eine Wand geheftet: die wichtigsten und dringendsten oben, die weniger wichtigen unten. Die Erstellung der Rangfolge kann zu heftigen Diskussionen führen. Vielleicht muß bei einigen Zetteln sogar eine Abstimmung durchgeführt werden, wenn sonst keine Einigung erzielt werden kann.

Die Zettel lassen sich auch nach einem anderen Schema an der Säule anordnen: jene Veränderungen, die sich am ehesten und leichtesten verwirklichen lassen, kommen an unterster Stelle. Die hochgesteckten Veränderungsziele werden entsprechend höher angebracht. Die Zettel sollten als ständige Erinnerung an der »Säule für eine andere Schule« hängenbleiben. Sind alle der Meinung, daß ein Ziel erreicht ist, kann der Zettel entfernt werden. Bleiben die obersten Zettel und Veränderungsziele unerreichbar? Was könnte man noch versuchen, damit auch sie Wirklichkeit werden?

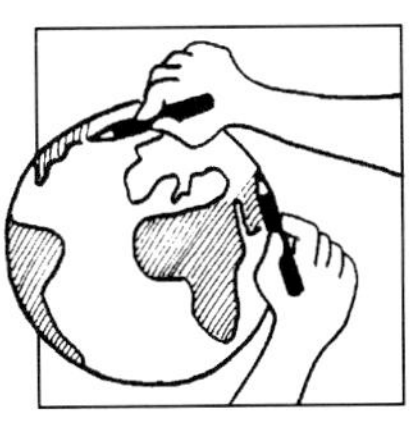

Lehrmittel selbstgemacht

Viele Schulen in Afrika, Asien und Lateinamerika besitzen kaum das Allernötigste: ein Schulgebäude mit regendichtem Dach, Bänke zum Sitzen, Tische zum Schreiben, Tafel und Kreide. Manche Schulen haben nichts weiter als die Blätter eines Mangobaumes oder einer Palme als Dach. An Lehr- und Hilfsmittel für den Unterricht, vor allem auch in naturwissenschaftlichen Fächern, ist kaum zu denken. Schülern und Lehrern, die lediglich über Tafel und Kreide verfügen, müssen die gefüllten Schränke und Sammlungsräume in unseren Schulen wie ein Schlaraffenland vorkommen. Lehrmittel aus Industrieländern aber sind nicht nur teuer, sondern meist auch für Lernsituationen in armen Erdteilen unbrauchbar. Darum haben Lehrer in verschiedenen Ländern der »Dritten Welt« Wege gefunden, wie naturwissenschaftlicher Unterricht mit einfachsten, im Lande verfügbaren Mitteln anschaulicher und damit verständlicher gestaltet werden kann.

Eine Mikroskopierlupe zum Beispiel läßt sich aus vier Brettchen als Rahmen, einer Metallasche als Linsenhalter, der Glaskuppe eines Linsenbirnchens als Linse und aus einem Spiegel leicht selbst bauen. In weniger als einer Minute kann man ausgediente Glühbirnen als Ersatz für Ringkolben und Reagenzgläser herrichten. Sie lassen sich aber auch für vieles andere gebrauchen: eine wassergefüllte Glühbirne ist eine Lupe, mit der man Blüten betrachten kann. Wird diese Lupe in einen Sonnenstrahl gehalten, so lassen sich damit die Regenbogenfarben zeigen. Ein Tintenglas, in das man Korken, eine abgesägte Patronenhülse und einen Docht steckt, wird zu einem Alkoholbrenner. Aus ausgedienten Leuchtstoffröhren werden Meßzylinder, aus Baueisen und Draht Stativzubehör. Zementsackpapier ersetzt Filterpapier.

Mit Hilfe solcher einfacher Lehrmittel lassen sich abstrakte Unterrichtsstoffe »begreifen«. In Ghana zum Beispiel haben Lehrer einfache Lehrmittel für ihren Unterricht selbst angefertigt. Andy Byers hat solche Ergebnisse in Skizzen festgehalten. Sie können zum Nachbauen und Selbsterfinden anregen.

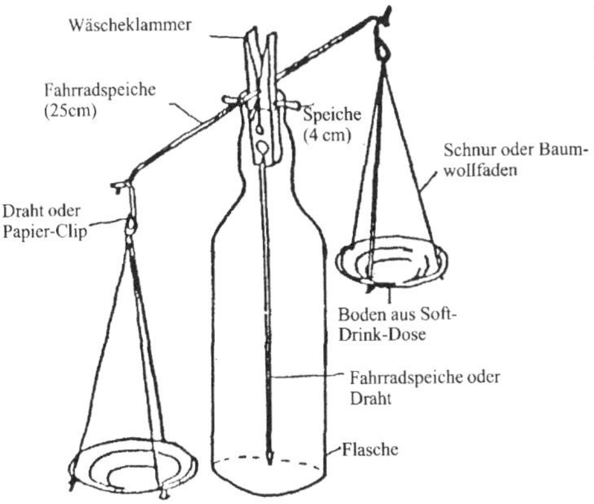

Eine empfindliche Waage

Bohre ein Loch durch die Klammer und stecke die Speiche hindurch. Wenn du dann noch - so wie auf der Zeichnung dargestellt - einen dicken Metallstab an der Klammer befestigst, kannst du sie in den Flaschenhals stecken und dabei den Metallstab auf den Flaschenhals rollen lassen. Dadurch verringert sich die Reibung.

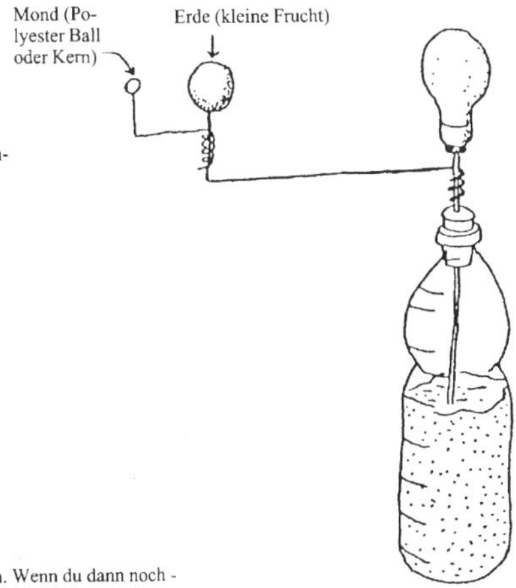

Blechdosen-Mikroskop

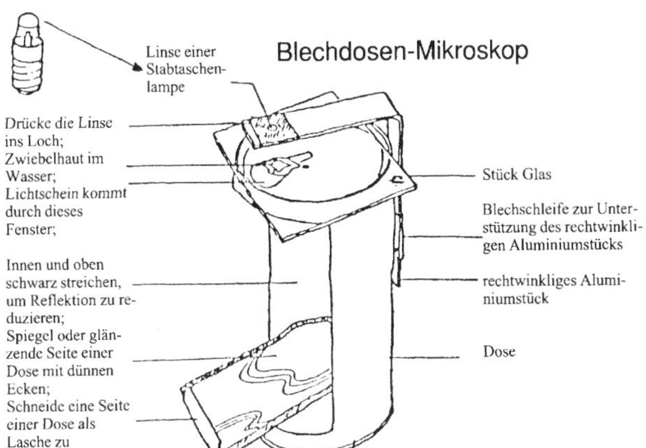

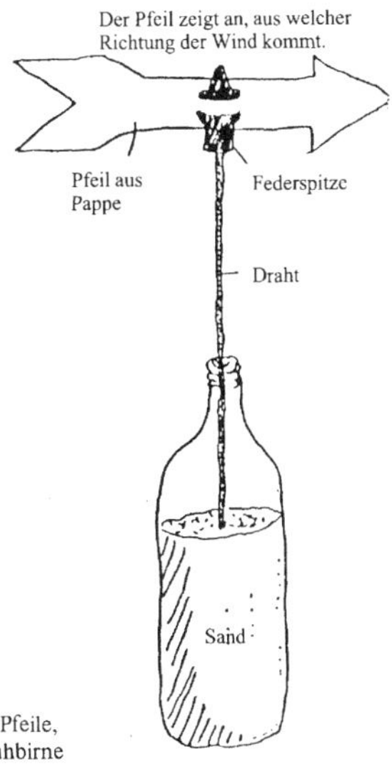

Glühbirne (klar)

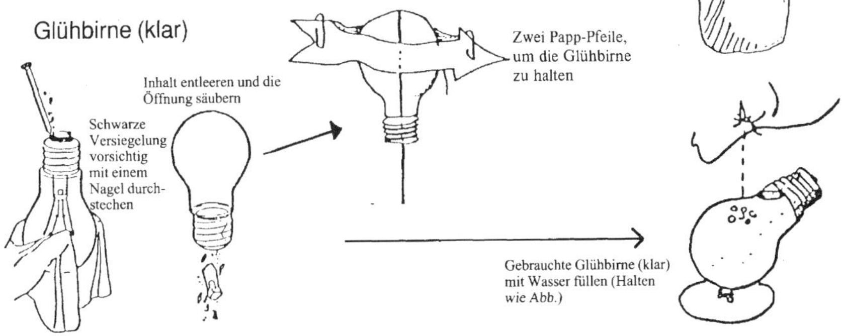

Wie war Schule früher?

Laß dir von deinen Eltern und Großeltern und anderen älteren Menschen, die du kennst, erzählen, wie es früher in ihrer Schule war. Bitte sie, ganz ehrlich dabei zu sein und nicht nur von den schönen Seiten zu berichten. Was fanden sie an ihrer Schule toll und was weniger? Haben sie noch Fotos aus ihrer Schulzeit? Zum Beispiel das von der Einschulung? Oder ein Bild mit der gesamten Klasse? Oder eines vom Schulfest? Vielleicht haben sie auch noch alte Zeugnisse oder Hefte aufbewahrt.

Wenn sich alle in deiner Klasse auf eine solche »Schatzsuche« begeben, bekommt ihr vielleicht soviel Material zusammen, daß ihr eine kleine Ausstellung daraus machen könnt. Daneben könnt ihr Fotos, Bilder, Schulbücher, Dokumente und anderes über eure Schule ausstellen. Der Vergleich kann viel Anregung für weitere Fragen und Berichte geben, vor allem, wenn ihr eure Eltern in eure Ausstellung einladet.

Meinungswand

Unmut über bestehende Mißstände drückt sich oft in Grafittis aus. Weil das verboten ist, werden die Botschaften oft heimlich und so schnell hingeschmiert, daß man sie kaum entziffern kann. Auch an Schulwänden. Vielleicht wäre manches lesens- und überdenkenswert.

Für solche Sprüche und Bilder könntet ihr an eurer Schule eine Litfaßsäule in der Pausenhalle oder auf dem Schulhof aufstellen oder eine Wand herrichten. Auf ihr können Meinungen und Vorschläge aufgeschrieben werden, die eure Rechte und Interessen betreffen: Was gefällt an der Schule? Was soll so bleiben? Was sollte geändert werden? Und wie? Wer hat Vorschläge und Ideen?

Schulgärten

Ein Schulgarten kann dazu beitragen, ökologische Zusammenhänge zu erkennen und aufmerksam für ökologische Probleme zu werden. Umweltfreundliche, naturnahe Gartenpflege, die Auswahl standortgerechter Pflanzen, das Angebot von Nahrungs- und Lebensraum für Tiere können das umweltbewußte Denken und Handeln bei Schülern und Lehrern stärken.

Schulgärten können zudem zahlreiche Ideen und Anschauung für einen fächerübergreifenden Unterricht liefern: es lassen sich Versuche mit biologischer, ökologischer, wetterkundlicher, physikalischer und chemischer Fragestellung durchführen. Für den Kunstunterricht kann der Schulgarten vielfältige Motive liefern. Möglicherweise können die geernteten Früchte im Schulkiosk angeboten werden (siehe S.43). Oder ein Projekttag im Herbst wird als Markttag oder Erntedankfest gestaltet.

Bereits mit geringen Mitteln und auf kleinster Fläche läßt sich ein Schulgarten schaffen. Viele Schulen haben zunächst ganz klein begonnen: mit einer Pflanzaktion, mit der Anlage einer Hecke, mit der Bepflanzung von Baumscheiben oder der Begrünung des Schulgebäudes mit Kletterpflanzen wie Efeu, Wein oder Knöterich. Aus solchen bescheidenen Ansätzen haben sich in vielen Schulen größere Projekte entwickelt. Finanzielle Unterstützung kann beim Umweltministerium des jeweiligen Bundeslandes beantragt werden. Aber auch durch eigene, phantasievolle Aktionen kann man an die notwendigen Gelder kommen. Das Wichtigste ist allerdings der Mut zum Anfang.

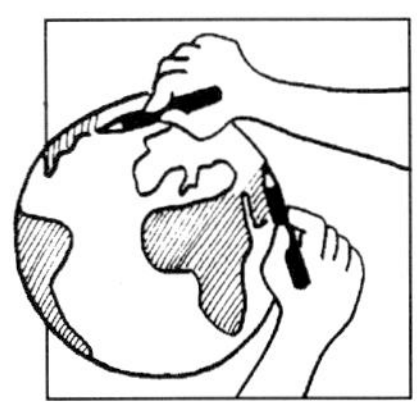

des HOMMES d'ACIER se déchainent
L'ENFER EXPLOSE !!!
ZEBRA
FORCE
MARRIE LEE

Das Recht auf kulturelle Identität

Vom Recht auf die eigene Kultur

In vielen Ländern gibt es Volksgruppen, die eine andere Sprache sprechen, eine andere Kultur pflegen oder eine andere Religion ausüben. Manchmal sind es Ureinwohner, die im Laufe der Zeit mehr und mehr in ihren Rechten und wirtschaftlichen Möglichkeiten beschnitten, die benachteiligt oder sogar zu großen Teilen ausgerottet wurden. Andere Volksgruppen sind aus ihrem Ursprungsland vertrieben worden und haben sich neu angesiedelt. Solchen Minderheiten, vor allem deren Kindern, garantiert die Kinderrechtskonvention, daß sie in ihrer Gemeinschaft ihre eigene Kultur pflegen und sich zu ihrer eigenen Religion bekennen und ihre eigene Sprache sprechen dürfen.

Diese Rechte werden oft Völkern in Ländern verwehrt, die von anderen erobert und besetzt worden sind oder in denen eine Volksgruppe eine andere unterdrückt. Menschen aus anderen Ländern, die bei uns Zuflucht oder Arbeit suchen, haben das Recht, ihre eigene Kultur zu pflegen, sich ihrer Herkunft zu besinnen und so ihre Identität zu bewahren. Das ist wichtig, um sich eine innere Quelle zu erhalten, aus der man Kraft schöpfen kann.

Mustafa

(Asmara in Eritrea, 1962)

»Namrud! Warte!« Mustafa hatte seinen Freund erreicht. Gemeinsam gingen die Jungen über den freien Platz vor dem Schulgebäude. »Weißt du schon, was passiert ist?« fragte Mustafa außer Atem. Namrud schüttelte den Kopf.

»Die Truppen von Haile Selassie haben uns endgültig eingesteckt. Eritrea ist jetzt ein Teil von Äthiopien. Auf der großen Straße sollen sogar Panzer aufgefahren sein!«

Namrud schüttelte ungläubig den Kopf. »Zum Glück gibt es welche, die sich wehren«, fuhr Mustafa dort. »Die Kämpfer von Hamid Idriss Awate sollen...«

»Sei still«, zischte Namrud dem Freund zu.

»He, ihr zwei«, dröhnte plötzlich hinter ihnen eine Stimme in Amharisch, der Sprache der Äthiopier. Die beiden fuhren erschrocken herum. Es war Mustafas Lehrer. Sie hatten nicht bemerkt, daß er sich genähert hatte.

»Ihr wißt doch, daß es verboten ist, in der Schule Tigrinnisch zu reden.« Der Lehrer tippte nervös mit seinem Stock gegen die Schenkel. Namrud blickte schweigend zu Boden.

»Wir haben in unserer Muttersprache gesprochen«, entgegnete Mustafa mutig.

»Willst du auch noch vorlaut werden? Streck deine Hände aus!«

Mustafa wußte, was das bedeutete. Er hielt seine Hände dem Lehrer entgegen. Er biß die Zähne zusammen. Da sauste der Stock mit einem pfeifenden Ton auf seine Fingerspitzen. Mustafa schrie.

»Und jetzt du«, fuhr der Lehrer Namrud an. Zögernd schob Namrud die Hände vor. Wieder das Sirren des Rohrstockes. Ein stechender Schmerz jagte durch Namruds Finger. Er krümmte sich und klemmte seine Hände zwischen die Knie. Tränen traten ihm in die Augen.

»Ich hoffe, das wird euch eine Lehre sein. Und jetzt schleunigst in eure Klassen.« Der Lehrer tippte sich wieder nervös mit dem Stock gegen die Hosenbeine. Mustafa und Namrud bewegten sich langsam auf den Eingang zu. Sie versuchten, die brennenden Finger mit Spucke zu kühlen. Namrud verschwand in seiner Klasse. Mustafa ging eine Tür weiter zum Nachbarraum. Seine Mitschüler warteten auf den Unterrichtsbeginn.

»Was ist passiert?« fragte einer, als er Mustafas geschwollene Finger sah.

»Ich habe Tigrinnisch gesprochen!« Mustafa zuckte mit den Achseln, als ob er kein anderes Verhalten des Lehrers erwartet hätte.

»Wollen wir uns das gefallen lassen?« rief ein Schüler vom Fenster herüber.

»Wir sollten uns beschweren«, schlug ein anderer vor.

»Bei wem denn?« fragte Mustafa. »Bei dem da oben etwa?« fügte er bitter hinzu und zeigte auf das vergilbte Foto des äthiopischen Kaisers Haile Selassie, das über der Tafel hing.

Alle schauten zu dem ausgeblichenen Bild auf, als würden sie das erste Mal den stechenden Blick des grauhaarigen Mannes sehen. Dabei mußten sie sich jeden Morgen vor diesem Bild erheben und die äthiopische Nationalhymne singen.

»Heute stehen wir nicht auf. Heute singen wir nicht«, schlug ein Schüler aus der ersten Reihe vor.

Alle waren einverstanden.

»Dem Alten da oben an der Wand werden die Augen aus dem Kopf fallen«, lachte der am Fenster.

Mustafa freute sich, daß seine Mitschüler zu ihm hielten. Die Schläge hatten auch ihnen gegolten. Sie waren alle Eritreer.

Als die Tür aufging, brach das Gespräch sofort ab. Der Lehrer, ein Äthiopier, schloß die Tür hinter sich und schritt auf das Pult zu. Mit einem heftigen Knall legte er seinen Stock auf die Holzplatte und blickte in die Klasse. »Aufstehen!«

Keiner erhob sich. Sonst war immer ein Rascheln oder Räuspern zu hören, doch heute war es totenstill. Nur aus der Nachbarklasse drang gedämpft eine Stimme herüber. Der Lehrer blickte verständnislos von einem zum anderen. Das war ihm noch nie passiert.

»Aufstehen!« schrie er, als ob er beim ersten Mal nicht verstanden worden wäre. Die Schüler wagten nicht, ihn anzusehen. Jeder blickte vor sich auf die Bank. Das Gesicht des Lehrers lief dunkel an. Er griff nach dem Rohrstock und schlug ihn mehrmals laut krachend auf die Holzplatte. Die Schüler in der ersten Reihe zuckten unwillkürlich zusammen.

»Soll das etwa eine Revolte sein? Ihr wollt euch nicht vor dem Bild unseres Kaisers erheben?

Demjenigen, dem ihr die Größe des Reiches verdankt, wollt ihr eure Ehrerbietung verweigern?« Die Stimme des Lehrers überschlug sich. »Ihr habt mich noch nicht kennengelernt. Jeden einzelnen von euch werde ich mir vornehmen. Das werdet ihr alle bitter bereuen!«

Er tippte nervös mit dem Stock auf die vorderste Tischreihe. Ein Schüler aus der ersten Reihe blickte sich scheu nach Mustafa um und erhob sich lautlos. Wieder schlug der Lehrer den Rohrstock krachend auf die Tischplatte.

»Das ist meine allerletzte Warnung!« schrie er mit heiserer Stimme.

Ganz langsam erhob sich ein zweiter Schüler aus seiner Bank, dann ein dritter und ein vierter. Man hörte wieder das Pochen des Stockes. Mustafa schluckte. Keiner wagte, ihn anzusehen. Einer nach dem anderen erhob sich, und schließlich waren alle aufgestanden. Nur Mustafa saß noch auf seinem Platz. Er hatte das Gefühl, ganz allein zu sein.

»Aha, unser Rebell!« Der Lehrer lachte höhnisch. »Du weißt wohl immer noch nicht, wem der Ruhm gebührt, wem unser Vertrauen gehört und auf wen wir stolz sind? Sag es!«

Mustafa schluckte. Dann sagte er leise: »Hamid Idriss Awate.«

Ein Blitz schien in die Klasse gefahren zu sein. Entsetzt blickten die Schüler Mustafa an. Er hatte tatsächlich gewagt, jenen Namen öffentlich auszusprechen, der sonst nur in den Teestuben geflüstert wurde. Der Lehrer erstarrte.

»Raus!« schrie er, und seine Stimme überschlug sich wieder. »Raus! Das war dein letzter Schultag!«

Mustafa erhob sich und ging zur Tür. Im Vorbeigehen traf ihn der Schlag des Lehrers auf den Rücken. Mustafa zuckte zusammen, aber er hatte den Schlag erwartet. Er öffnete die Tür, blieb noch einmal stehen, drehte sich um und blickte seine Klassenkameraden an. Manche wichen dem Blick aus, andere schienen ihn um Verständnis zu bitten. »Unsere Hoffnung heißt Hamid Idriss Awate!« rief er in die Stille des Klassenraumes und schlug die Tür hinter sich zu.

Wie wir feiern

Kulturelle Besonderheiten werden vor allem beim Feiern von Festen deutlich. Wie feiert ihr zu Hause Feste? Wie begeht ihr bestimmte Tage? Zum Beispiel: Geburtstag, Namenstag, Kommunion, Hochzeit, Advent, Martinstag.
Sammelt in eurer Klasse oder Gruppe Berichte, wie ihr bestimmte Feste oder Gedenktage begeht. Aus diesen Berichten, die ihr mit selbstgezeichneten Bildern oder selbstgemachten Fotos illustriert, könnt ihr ein »Buch der Feste« erstellen. Gibt es zu bestimmten Anlässen besondere Lieder, die immer wieder gesungen werden?

Besonders spannend wird es, wenn ihr ausländische Mitschülerinnen und Mitschüler habt. Was für Feste feiern eure türkischen Klassenkameraden? Wie begehen sie zum Beispiel das Ramadanfest, das Zuckerfest oder das Opferfest.

Die Schülerinnen und Schüler der Mannesmann-Schule in Remscheid wissen es. Weil viele ihrer Klassenkameradinnen und -kameraden aus anderen Ländern und damit aus anderen Kultur-

kreisen – vor allem aus der Türkei – kommen, sollten die Anlässe zum Feiern nicht mehr ausschließlich der christlichen Tradition entspringen, befanden sie. Darum organisierten sie genau am Tag des muslemischen Zuckerfestes am Ende des Fastenmonats ein großes Schulfest unter dem Motto »In Freundschaft miteinander leben«. Auf dem Fest wurden türkische Lieder gesungen, Tänze vorgeführt und Theaterszenen aus dem Leben des Nasreddin Hodja gespielt, einer literarischen Figur, die manche Ähnlichkeit mit unserem Till Eulenspiegel hat. Und natürlich gab es viele Süßigkeiten.

Sich an Geschichte erinnern

In zahlreichen Orten werden zu besonderen Anlässen traditionelle Umzüge oder Veranstaltungen durchgeführt. So findet zum Beispiel in Osnabrück an jedem 24.Oktober ein Steckenpferdreiten der Kinder statt. Es erinnert an die Freude über den Frieden nach dem Dreißigjährigen Krieg.

Dreißig Jahre lang hatten katholische und protestantische Landesherren gegenseitig um Macht und Einfluß gekämpft. Wie in jedem Krieg waren auch damals die Kinder die wehrlosesten Opfer.

In Münster und Osnabrück kam es schließlich zu langwierigen Friedensverhandlungen. Am 24. Oktober 1648 konnten Boten geschickt werden, die die Botschaft durchs Land trugen: Der Westfälische Friede war besiegelt, der Krieg war zu Ende!

Die Leute in Osnabrück und den Dörfern ringsum schlugen Fichtenzweige ab und zogen damit vors Rathaus. Sie wollten den hohen Herren zeigen, wie sehr sie sich freuten, daß endlich wieder Friede sein sollte. Die Menschen versammelten sich vor den Stufen des Rathauses, riefen und winkten mit den Zweigen. Aber keiner der Gesandten ließ sich am Fenster blicken. Bis es plötzlich noch viel lauter wurde. Kinder zogen mit selbstgeschnitzten Steckenpferden durch die Gassen. Sie riefen und winkten und schlugen dabei mit Holzknüppeln auf alte, hölzerne Faßdeckel. Es war ein derartiges Gewimmel, daß die Stadtwache die Kinder gar nicht aufhalten konnte. Als einige der Wachsoldaten ihre Helle-barden quer hielten, schlüpften die Kinder einfach darunter durch. Als sie die steinerne Treppe, die zum Rathaus hinaufführte, erreicht hatten, riefen sie laut den Namen des kaiserlichen Gesandten: »Piccolomini! Es lebe Piccolomini!«

Als der die Kinder hörte, trat er vor die Tür. Als er die Kinder, die der Krieg arm und zerlumpt gemacht hatte, sah, ließ er aus den Bäckereien der Stadt für alle ein Stück Brot holen.

Auch heute reiten die Kinder Osnabrücks noch durch die Dämmerung. Über ihren Köpfen sind schwankende Laternen zu erkennen. Wer sich zu ihnen gesellt, sieht auch ihre Pferde: Steckenpferde. Und bunte Papierhelme haben sie aufgesetzt. Vorneweg marschiert eine Kapelle. Das Schlagen der großen Trommeln hallt in den engen Straßen wider.

Die Kinder der Stadt machen auf sich aufmerksam. Und darauf, daß Kinder Frieden brauchen. Darum reiten sie durch die Stadt. Darum holen sie sich süße Rosinenbrötchen oder Brezeln. Darum trommeln sie. Darum freuen sie sich. Jedes Jahr am 24. Oktober.

Wird auch in deinem Ort ein besonderer Tag begangen, der an ein bestimmtes Ereignis erinnert? Wie wird er begangen? Du könntest mit deinen Freundinnen und Freunden eine Fotoreportage darüber erstellen. Oder, wenn ihr euch eine Videokamera ausleihen könnt, einen Film drehen.

Brot backen

Jedes Land, jede Gegend hat ihr besonderes Brot.

Wie wäre es, Eltern, die diese Kunst beherrschen, zum Brotbacken einzuladen, in die Schule oder an einen anderen Ort (mit Backofen). Die Brotpalette kann genauso vielseitig sein, wie die Zusammensetzung der Klasse. Eine türkische Mutter könnte Fladenbrot backen. Ganz anders wird Brot aussehen und schmecken, das Aussiedler aus Rußland oder Polen backen. Vielleicht erinnern sich eure Großmütter noch an die Rezepte, mit denen sie während und nach dem Zweiten Weltkrieg versucht haben, Brot zu backen.

Oder wie wäre es, wenn die ganze Klasse zusammen Stockbrot über einem Holzkohlefeuer bäckt?

Beim Backen, Probieren und Rezepte-Austauschen läßt sich viel über die Menschen erfahren, von denen sie stammen.

Oder kann kein Vater, keine Mutter mehr Brot backen?

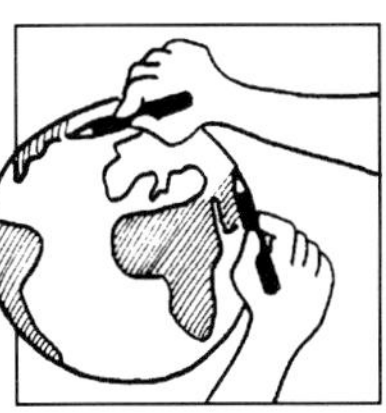

Kind, das fähig ist, sich
eine eigene Meinung zu bilden, das Recht zu, dies
Meinung in allen das Kind berührenden Ange-
legenheiten frei zu äußern, und berück-
sichtigen die Meinung des Kindes
angemessen..."
Artikel Nr. 12
UN-Konvention Rechte der Kinder
kinder kapitel

Das Recht auf eine eigene Meinung

Kinder mit eigener Meinung

Der Zugang zu Informationen ist für alle Menschen wichtig. Auch für Kinder. Was Fernsehen, Rundfunk, Bücher, Zeitungen und Zeitschriften an Informationen bieten, sollte zumindest teilweise auf die Bedürfnisse und Interessen von Kindern ausgerichtet sein. In den Medien werden Kinder nicht ernst genommen. Eine eigene Meinung und einen selbständigen Zugang zu Informationen werden ihnen oft nicht zugebilligt.

Weil das Recht auf eigene Meinung, das Recht, bei den eigenen Belangen und Angelegenheiten gehört zu werden, und das Recht auf einen selbständigen Zugang zu Informationen für Kinder keineswegs selbstverständlich sind, ruft die Kinderrechtskonvention die Massenmedien dazu auf, die Interessen der Kinder mehr zu berücksichtigen.

Die Kinder in Südafrika haben formuliert:

»Alle Kinder haben das Recht, ihre eigene Meinung auszudrücken und in allen Angelegenheiten, die ihre Rechte, ihren Schutz und ihre Fürsorge beeinträchtigen, gehört zu werden.« Und sie betonen das Recht, daß »Verhandlungen mit Kindern über ihre Rechte und ihre Situation besondere Aufmerksamkeit zukommen« sollte. Nicht nur in Südafrika.

Weltweit versuchen junge Menschen, ihrer Meinung Gehör und Aufmerksamkeit zu verschaffen. Sie setzen sich für eigene Medien ein, veranstalten Kindergipfel und gründen Kinderparlamente, zum Beispiel in Deutschland, in Südafrika und in vielen anderen Ländern.

Molo Songololo

Eine Kinderzeitung gegen die Apartheid

»Hallo Tausendfüßler« – in der Xhosa-Sprache heißt das: »Molo Songololo«. Die vielen Füße dieses Tieres sind ein Symbol für die zahlreichen Kinder, die an dieser Zeitschrift mitarbeiten. Sie richtet sich an Kinder aller Hautfarben zwischen sechs und 15 Jahren und erscheint alle sechs Wochen. Durch das Magazin können die Kinder etwas über das Leben ihrer Altersgefährten anderer Hautfarbe erfahren. Getrennte Wohnbereiche und getrennte Schulen machen Kontakte zwischen den verschiedenen Bevölkerungsgruppen nach wie vor sehr schwer.

Die jungen Leserinnen und Leser von Molo Songololo werden auch immer wieder zum Mitmachen ermuntert und ermutigt. Sie sollen lernen, ihre Erfahrungen und Gefühle mit ihren Mitteln auszudrücken. Das können Briefe, Geschichten, Gedichte, Zeichnungen oder Rätsel sein. Wichtiges Thema sind immer wieder die Rechte der Kinder in Südafrika.

Kinderstimmen zum Gipfel von Rio

Auf dem »Global Forum« der Nicht-Regierungsorganisationen in Rio im Juni 1992 trugen 21 Kinder den Regierungsvertretern ihre Forderungen und Fragen vor – offen, direkt und klar.

»Ihr sagt, wir sind die Zukunft, aber wir leben heute!«

»Warum sorgen Sie nicht dafür, daß wir sauberes Wasser bekommen?«

»Warum werden Kriege und Rüstung nicht beendet? Das Geld wird für Erziehung und Gesundheitsvorsorge gebraucht!«

»Das Leben ist wichtiger als Geld«, meinte ein deutsches Kind. »Ich kritisiere an den großen Politikern, daß sie alles für sich behalten wollen und nicht daran denken, was sie all den Kindern auf der Welt hinterlassen«, lautete eine Meinung aus Argentinien. Ein nigerianisches Kind prangerte den Giftmüllexport an, ein indisches die Verfolgung von Straßenkindern, die es schon schwer genug hätten. Daß sie arbeiten müssen, um Geld zu verdienen, statt zu spielen oder zu wandern, beklagten türkische Kinder. Und für Millionen Kinder in Bangladesh sind Umweltkatastrophen zum Alltag geworden, sagte ein Delegierter. Paul Gassis, ein elfjähriger Junge aus Ruanda: »Ich träume von einer Welt, die frei ist von allen Diskriminierungen, von Umweltverschmutzung, Drogen, Waffen. Es soll eine Welt voller Solidarität sein für jeden, egal aus welchem Volk und von welcher Rasse.«

Kinderparlamente

Seit ein paar Jahren versuchen Kinder an verschiedenen Orten in Deutschland, sich einzumischen. Sie fordern das Recht, ihre Meinung laut und deutlich vortragen zu dürfen und auch gehört zu werden. Kinder haben was zu sagen! Sie melden sich zu Wort, in Schulen, Jugendgruppen oder direkt in der Politik.

In einigen Orten haben sich sogar eigene Kinderparlamente gebildet. Sie tagen und arbeiten natürlich anders als die Parlamente der Erwachsenen, und sie bringen so richtig Schwung in die Stadtpolitik. Ihre Organisationsformen sind ganz unterschiedlich, und so verschieden sind auch die Schwierigkeiten, mit denen sie fertig werden müssen. Bei der Einrichtung und der Arbeit solcher Kinderparlamente werden in den verschiedenen Orten unterschiedliche Formen ausprobiert. Manche Kinderparlamente erhalten Unterstützung von erwachsenen Politikern. Andere müssen sich mit deren mangelndem Interesse auseinandersetzen.

Bei der Gründung eigener Parlamente können sich Kinder auf die Kinderrechtskonvention und das in ihr verbriefte Recht, die eigene Meinung vertreten zu dürfen, berufen. Aber auch Paragraph 8 des neuen »Kinder- und Jugend-Hilfe-Gesetzes« (KJHG) liefert Argumente: »Kinder und Jugendliche sind entsprechend ihrem Entwicklungsstand an allen sie betreffenden Entscheidungen der öffentlichen Jugendhilfe zu beteiligen.« Gegen dieses Gesetz wird vielerorts hartnäckig verstoßen. Kinder werden meist überhaupt nicht zu ihren Belangen befragt. Schon immer war es so, daß Erwachsene über wichtige Fragen entscheiden, die Kinder und ihre Zukunft betreffen. Die Adressaten solcher Entscheidungen werden oft weder angehört noch berücksichtigt. Viele Kinder wollen selber gehört werden und mitentscheiden. Daß sie dazu auch in der Lage sind, zeigen zahlreiche Initiativen, zum Beispiel in Berlin, Offenburg, Frankfurt, Bonn, Sankt Augustin, Bad Homburg, Strausberg und anderen Orten.

Mehr über Kinderparlamente in Deutschland kann man aus der Broschüre »Manchmal wissen wir mehr als der Senator – Kinderparlamente in Deutschland« (Kid-Verlag, Bonn 1992, von Dorothee Pass-Weingartz und Jutta Sundermann) erfahren.

Kinderberatungsbüro

Inzwischen gibt es im Schöneberger Rathaus in Berlin beim »Senator für Jugend und Familie« ein Büro, in dem Kinder den Senator beraten. Gegenüber dem Amtszimmer des Senators wurden zwei Büroräume für die »Berater« eingerichtet mit allem, was zum Beamtenalltag gehört: Fax und Kopierer sowie Kinderkultur obendrein: Graffities und Lärm.

Schon beim ersten Treffen hatten die Kinder zusammengetragen, wo sie der Schuh drückte. Sie listeten Dinge auf, von denen die Politiker oft gar nicht mitbekommen hatten, wie wichtig und drängend sie für die Kinder sind: Verkehr, Spiel- und Freiflächen, Kinder- und Jugendeinrichtungen, Schule und Gewalt.

Aufsehen erregte vor allem eine Gruppe, die sich um Verkehrspolitik kümmerte. Ihre Forderungsliste war lang: »Tempo-30-Zonen, Fußgängerüberwege an Schulen, Kitas und Jugendeinrichtungen, mehr Schülerlotsen, Ampeln, Autos sollen langsamer fahren, Nulltarif bei Bus und Bahn, mehr und sicherere Radwege.«

Die Reaktion des Verkehrssenats fiel mager aus. Darum riefen die Kinder zu einer großen Fahrraddemo auf. Als auch die nichts bewirkte, überreichten sie dem Verkehrssenator den »Schwarzen TuwaKi-Preis«, eine Schandauszeichnung für jeden, der sich Kinderinteressen verweigert. Damit wollten sie dazu auffordern, Kinder ernster zu nehmen und deren Vorstellungen von Politik nicht einfach beiseitezuschieben.

Das Bonner Kinderparlament

Von den Erfahrungen des »2. Bonner Kinderparlaments« am 19. 11. 1991 berichtet die Bonner Ratsfrau Dorothee Pass-Weingartz:

»Der Weg zur Eingangstür des Ratssaales in Bonn wird mir heute durch einen bunten Kriechtunnel versperrt. Ein schönes Bild, wenn ich daran denke, wie langweilig und grau sonst der Ratssaal wirkt. Nachdem im Sommer ein erstes Kinderparlament weitgehend unbemerkt von den offiziellen Gremien der Stadt stattgefunden hat, soll heute im Ratssaal das 2. Treffen des Kinderparlaments sein. Etwa 30 Jungen und Mädchen im Alter von 7 bis 14 Jahren haben schon auf den Stühlen Platz genommen. Den Vorsitz führen zwei Mädchen und zwei Jungen, die sich die Diskussionsleitung teilen. Auf der Zuschauertribüne einige Mütter und die Organisatoren dieser Veranstaltung – VertreterInnen der Naturfreundejugend Bonn. (...) Und dann geht es los. Anfangs mit ein bißchen Gekicher und dann erstaunlich ruhig eröffnet Mirta die Sitzung und unterbreitet dem Kinderparlament den Vorschlag, mit dem Thema Umweltschutz zu beginnen. Ruhe kehrt ein – wer von einer solchen Veranstaltung das heillose Chaos erwartet hatte, ist sicher enttäuscht. Die Kinder

melden sich zu Wort, helfen sich gegenseitig im Umgang mit den Mikrophonen, reden sich gegenseitig Mut zu, wenn die Furcht vor (...) dem Mikro zu groß wird. (...) Von zuviel Autos ist die Rede, vom schlechten öffentlichen Nahverkehr, von zuviel Verpackungsmüll. Tiere sollten nicht mehr gequält werden, ein Spielplatz soll nicht einem Parkplatz zum Opfer fallen, Kinder sollten mehr Rechte haben, der Regenwald müsse verstärkt geschützt werden.

Ich sehe im Geiste das geringschätzende Grinsen einer Mehrzahl von Ratsvertretern: ›Das hat ja nichts mit Kommunalpolitik zu tun!‹ Apartheid in Südafrika, Rechtsradikalismus, Ausländerfeindlichkeit – immer erst die Bemerkung: ›Das ist nicht unser Aufgabengebiet!‹ Was hätte sich in Sachen Rettung des Regenwaldes schon bewegen können, wenn sich auch die kommunale Ebene verantwortlich gefühlt hätte. (...) Als Joachim fordert, daß den Kindern in Deutschland mehr Rechte eingeräumt werden sollten und sie mit einer quasi Nebenwahl an der offiziellen Bundestagswahl mitbeteiligt werden sollten, erhebt sich ein Junge, der meint, die deutschen Kinder hätten es doch sehr gut. Sähe man zum Beispiel die Situation der Kinder in Guatemala, die als Straßenkinder verprügelt und oft auch ermordet würden. Denen sollte man doch zuerst helfen...«

Kinderkommission im Deutschen Bundestag

Seit 1988 gibt es im Bundestag eine Kommission, die sich aus Vertreterinnen und Vertretern der verschiedenen Parteien zusammensetzt und sich ganz besonders um die Belange von Kindern kümmern will. Diese Kinderkommission des Deutschen Bundestages versteht sich als »Interesssenvertretung für Kinder«. Damit die Kommission überhaupt mitbekommt, wo die Interessen, Bedürfnisse und Wünsche, Sorgen und Probleme von Kindern liegen, kann jede und jeder ihr schreiben. Ihre Adresse lautet:

Deutscher Bundestag
Kinderkommission
Bundeshaus
53113 Bonn
Telefon: (02 28) 16 22 71

Selber aktiv werden

Alle, in deren Ort es kein Kinderparlament gibt, können sich überlegen, mit Freundinnen und Freunden, Eltern, Lehrern und Bekannten so etwas aufzubauen. Gut wäre es, zumindest für den Anfang, wenn helfende Partner in Organisationen, Parteien oder den entsprechenden Ämtern gefunden werden könnten. Manchmal geht es schneller, wenn erfahrene Profis die Sache unterstützen.

Bald wird sich die Frage stellen, wer ein solches Kinder- und Jugendparlament durchsetzt, wo man sich trifft und wer überhaupt mitmachen soll. Es gibt unterschiedliche Möglichkeiten und Erfahrungen. Genauso unterschiedlich sind die Formen, wie ein solches Parlament funktionieren kann. Es ist gut, wenn man sich dort erkundigen kann, wo schon Erfahrungen mit einem Kinderparlament gemacht wurden.

Es gibt inzwischen auch verschiedene Initiativen, die sich dafür einsetzen, daß Kinderparlamente an vielen Orten entstehen. Sie helfen auch jenen, die einen Start in ihrem Ort wagen wollen. Ihre Adressen sind in der Broschüre »Manchmal wissen wir mehr als der Senator« (Kid-Verlag, Samansstr. 4, 53227 Bonn) zu finden.

Kinder mischen sich ein

Durch den Kindergipfel in Frankfurt hatten einige Jugendliche aus Bünde solchen Schwung bekommen, daß sie beschlossen, ein ähnliches Projekt in ihrer Heimatstadt zu verwirklichen. Sie setzten sich mit dem Kinderschutzbund in Verbindung, der versprach, ihr Vorhaben zu betreuen. Die Erwachsenen sollten allerdings rein beratende Funktion haben. Die entscheidende organisatorische Arbeit übernahmen 16- bis 18jährige Schülerinnnen und Schüler, die sich zu einem Organisationsteam »Projekt Bünder Kindergipfel« zusammenschlossen.

Zunächst bauten sie drei Arbeitsgruppen auf, die sich aus 9- bis 14jährigen Kindern zusammensetzten. Aufgabe dieser Gruppen war es, Vorschläge und Forderungen für mehr Verkehrssicherheit für Kinder, Kinderspielplätze und Umweltschutz in Bünde zu machen. Dazu mußten sie sich die Kinder selbst erst einmal sachkundig machen. Ihre Ergebnisse wollten sie am Welt-

kindertag am 20. September vorstellen und zur Grundlage entsprechender Bürgeranträge an die Stadt machen.

Mit viel Energie begaben sich die Arbeitsgruppen an die Arbeit. Sie erstellten eine Dokumentation gefährlicher Situationen für fahrradfahrende Kinder. Mit Hilfe der Polizei nahmen sie Tempomessungen in einem gefährdeten Schulbereich vor. Sie untersuchten das Wasser der Else, einem kleinen Fluß in der Nähe. Mit Unterstützung der Umweltbürgerinitiative BUND legten sie ein Biotop an. Mit Fotos und Texten dokumentierten sie die Spielplatzsituation in ihrer Stadt und entwarfen eigene Spielplatzmodelle. Neben dieser sehr praktischen und konkreten Arbeit trafen sich die Kinder immer wieder mit Ratsfrauen und Ratsherren in ihrer Stadt, mit dem Kinderbeauftragten von Nordrhein-Westfalen und anderen Spezialisten.

Am Weltkindertag wurden dann die Bürgeranträge an die Ratsfrauen und Ratsherren der Stadt übergeben. Damit die Anträge nicht nur irgendwelche Aktenordner füllten, sondern auch tatsächlich etwas mit ihnen geschehen konnte, suchten die Kinder im Rat für jeden Antrag eine Patin oder einen Paten. Die Paten mußten unterschreiben, daß sie sich tatsächlich für die Umsetzung ihres Antrages einsetzen würden. (Bis auf einen Antrag gelang das auch!) Die Politiker bekamen von den Kindern eine Frist von sechs Monaten eingeräumt, danach mußte jede Patin und jeder Pate über die Bearbeitung und Verwirklichung des jeweiligen Antrags berichten. So hatten sie sich zum Beispiel um die Einrichtung eines Kinderbüros und den Bau eines Spielplatzes im Innenstadtbereich – und zwar nach den Vorstellungen der Kinder – zu kümmern.

TuwaKi

»TuwaKi« heißt: »Tu was für Kinder!« Diesen geheimnisvollen Namen trägt ein Preis, den die Kinder und Jugendlichen des Berliner Kinderbüros »Kids beraten den Senator« vergeben. Der Preis besteht aus einem etwa zwanzig Zentimeter großen bronzenen Ohr. Mit seiner jährlichen Vergabe wollen die Kinder ein Zeichen für eine kinderfreundliche Welt setzen. Jedes Jahr wird die Trophäe aufgrund einer bundesweiten Umfrage an Politikerinnen und Politiker verliehen, die sich in besonderem Maße für die Rechte und Interessen der Kinder und Jugendlichen eingesetzt haben. Einem hingegen, der den Belangen von Kindern wenig Gehör geschenkt hat, wird der »Schwarze TuwaKi« verliehen. Im Dezember 1992 entschieden sich die Kinder und Jugendlichen, die sich an der Nominierung beteiligt hatten, Bundeskanzler Helmut Kohl, stellvertretend für die gesamte Regierung, den »Schwarzen TuwaKi« zu übergeben. Doch trotz vielfacher Versuche gelang es ihnen nicht, vom Bundeskanzler empfangen zu werden. Daraufhin entschlossen sie sich, auch ohne offiziellen Termin nach Bonn zu fahren. Als die vierzehn Kinder und Jugendlichen aus Berlin am 26. April 1993 im Bundeskanzleramt vorsprachen, lehnte man dort die Annahme des Preises rundweg ab.

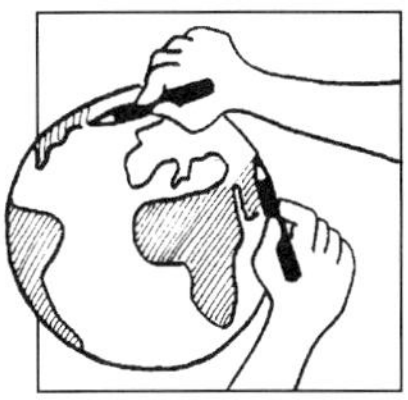

Tuwaki 1992

KIDS BERATEN SENATOR

Eines der Kinder stellt enttäuscht fest: »Der Bundeskanzler tut doch momentan gar nichts für Kinder. Er schiebt unsere Probleme einfach beiseite.«

So hieß es auch in der Begründung der Jury: »Sehr geehrter Herr Bundeskanzler, wir Kinder wissen, daß Sie gerade in dieser komplizierten Zeit keine leichte Aufgabe haben ... Bei all den vielen Problemen haben wir Kinder die Befürchtung, daß in dieser Situation gerade unsere Bedürfnisse am wenigsten beachtet werden können. Und dabei brauchen wir gar nicht sehr viel, um glücklich zu sein. Ein Stück Wiese zum Toben, interessante Freizeitangebote, saubere Luft und gesunde Natur, Eltern, die viel Zeit und Spaß für Gespräche mit den Kindern haben, Straßen, auf denen man gerne spazieren geht, ohne Angst vor dem Verkehr und Gewalt ... Mit dem ›TuwaKi‹-Preis ... wollen wir Sie und die Bundesregierung bitten, noch mehr für uns Kinder zu tun.«

Daß ein solcher Preis nicht angenommen wird, ist nicht verwunderlich und sollte niemandem den Mut nehmen, ähnliche Aktionen durchzuführen.

Das eigene Fernsehprogramm

Aus Pappe oder Holz wird ein überdimensionaler Fernsehschirm gebastelt. Er bietet den Rahmen für verschiedene Programme. Zunächst können spontane Kurzszenen gespielt werden: witzige oder verfremdete Nachrichten, Reklameszenen, Interviews, Kurzkrimis usw. Zunächst geht es nur ums Ausprobieren. Diese ersten Ideen können dann zu längeren Stücken und schließlich zu einem richtigen Programm entwickelt werden, das einem Publikum vorgespielt wird. Dabei können bekannte Sendungen in ein anderes Licht gerückt oder auch ganz neue, eigene Vorstellungen entwickelt werden.

Die Trennung von Publikum und Fernsehakteuren kann aufgehoben werden. In Nachrichten, Quizsendungen, Sportberichten, Reklamespots usw. sollten die eigene Alltagssituation und die eigenen Erfahrungen der jungen Redakteurinnen, Moderatorinnen und Schauspielerinnen mit verarbeitet werden.

Mit Mikro und Kassettenrecorder

Eine 8. Klasse des Helmholtz-Gymnasiums in Hilden machte sich mit Mikrophon und Kassettenrecorder auf »Spurensuche«, um sich an dem gleichnamigen Wettbewerb zu beteiligen, den terre des hommes und die Lehrergewerkschaft GEW ausgeschrieben hatten. Dabei ging es darum, Spuren aufzuspüren, die vom jeweiligen Heimatort nach Lateinamerika führten. In Einkaufsstraßen befragte eine Interviewgruppe der Hildener Klasse Passanten, Kunden, Angestellte und Geschäftsführer. In ihrem Protokoll hielt sie fest:

»Wir fragten den Geschäftsführer, woher genau er seine Waren aus Lateinamerika beziehe. Er ging gar nicht auf diese Frage ein und verallgemeinerte: ›Das Geschäft bezieht die Waren aus aller Herren Länder, zum Beispiel aus Israel, Griechenland und Spanien.‹

Wir fragten noch: ›Wieviel verdient Ihr Geschäft an dieser Ware?‹

Darauf antwortete der Geschäftsführer: ›Das sind Pfennigbeträge, nichts Wesentliches.‹

Bei der Frage, wie viele Zwischenstationen es gibt, bevor er die Ware verkauft, und welche es sind, sagte er nur: ›Ja, der Großhandel und der Kaffeeröster.‹ Er ging also wieder nicht auf die Frage ein. Er fragte uns, wer sich diese Fragen ausgedacht hätte, sie wären unzumutbar. Als wir sagten, daß wir sie mit Absprache unserer Religionslehrerin selber aufgestellt hätten, meinte er: ›Eure Lehrerin kann doch sicher mehr für die Menschen aus Lateinamerika tun, denn sie wird ja sicher solche Einrichtungen gut kennen. Es gibt ja außerdem in jedem Kaff Dritte-Welt-Läden. Da muß ich ja nichts Zusätzliches tun.‹

Das hörte sich so an, als ob es eine Entschuldigung sei. Er erweckte den Eindruck, als fühle er sich in die Ecke gedrängt. Er wurde immer unfreundlicher, so daß wir keine weiteren Fragen mehr gestellt haben.«

Eine andere Gruppe fragte Kundinnen, ob sie auch in »Dritte Welt«-Läden kaufen würden. Einige Antworten wurden festgehalten: »Na klar find ich's gut, daß die Bananen nur zwei Mark kosten. Was kann ich denn dafür, wenn die Raffzähne ihre Bananen für ein paar Pfennige verkaufen, daß sie Pleite gehen.«

»Wieso soll ich in so einem Urwaldschuppen Bananen für sechs Mark kaufen, wenn ich dieselben gleich um die Ecke für zwei Mark krieg.«

»Ne, das werde ich höchstens machen, wenn die mal ein Sonderangebot haben.«

Um sich selbst kundig zu machen, wie das Geschäftemachen hier und die Armut in der Ländern der »Dritten Welt« zusammenhängen, fuhr die Klasse schließlich nach Wuppertal zur Regionalstelle West der gepa, einer Zentrale der »Dritte Welt«-Läden.

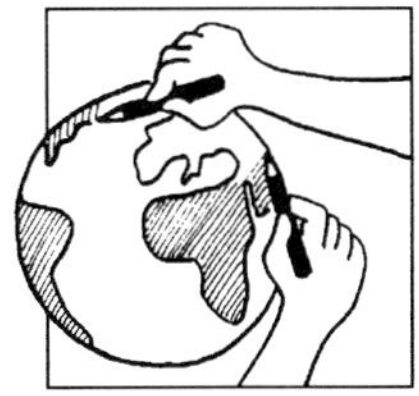

Support of Artists for Africa

Das Recht auf Schutz vor Ausbeutung

Kinderhände

Da alle Anstrengungen der Eltern, den Lebensunterhalt der Familie zu sichern, oft nicht ausreichen, müssen Kinder mitarbeiten. Weltweit sollen es 200 Millionen Kinder sein, die schwerste Arbeiten verrichten müssen. Sie knüpfen Teppiche, stellen Papiertüten und Zündhölzer her, weil ihre Arbeitskraft billiger ist als die von Maschinen, sie putzen Schuhe, schuften in Bergwerken und Wäschereien, wühlen auf Müllhalden nach verwertbaren Überresten. Sie haben keinen Acht-Stunden-Tag, keinen Arbeitsschutz und keine Krankenversicherung. Weil sie arbeiten müssen, können sie nicht zur Schule gehen. Weil sie nichts lernen können, bleiben ihre Chancen gering, aus dem Teufelskreis von Ausbeutung und Armut herauszukommen. In manchen Ländern ist beinahe die Hälfte der Kinder zwischen fünf und vierzehn Jahren gezwungen zu arbeiten, in ländlichen Gebieten sind es sogar bis zu 70 Prozent. Obwohl Kinderarbeit fast überall gesetzlich verboten ist, ist sie in vielen Ländern eine wichtige Grundlage der Wirtschaft.

Es hängt also nicht allein von Gesetzen ab, ob Kinder ausgebeutet werden oder nicht. Solange es Armut gibt, wird es kaum möglich sein, Kinderarbeit abzuschaffen. Trotzdem ist es wichtig, immer wieder darauf hinzuweisen, daß alle Kinder das Recht haben, »vor Kinderarbeit und jeder anderen wirtschaftlichen Ausbeutung geschützt zu werden, die die geistige, körperliche oder psychische Gesundheit des Kindes schädigen könnten und das Kind in seiner Erziehung beeinträchtigen, so daß es sich nicht kindgemäß entwickeln und seine Kindheit genießen kann.«

Aischa

(Marokko)

Über den Gassen der Medina schwebte ein gleichförmiger Gesang. Der Muezzin rief vom Minarett der Moschee zum Abendgebet. Fünfmal am Tag rief er, und das war schon seit Jahrhunderten so. »Allah ist groß, kein Gott außer Allah, und Mohammed ist sein Prophet!«

Abu Batuta warf noch einen flüchtigen Blick auf die Meisterinnen und Mädchen, die in langen Reihen vor den Teppichen hockten, und trat dann durch die schmale Tür auf die Gasse. Es kam nur selten vor, daß Abu Batuta das Abendgebet in der Moschee versäumte, und das nur dann, wenn wichtige geschäftliche Angelegenheiten ihn hinderten. Sonst betete er jeden Morgen und jeden Abend. Abu Batuta war ein frommer Mann.

Er rückte seine weiße Kappe zurecht, die mit einer schmalen Goldborte geschmückt war, und schritt in seinem weiten Kaftan würdevoll durch das Gedränge des Djemna El Fna-Platzes, der im Herzen Marrakeschs lag. Jetzt, am Abend, gehörte der Platz den Schauspielern, Erzählern, Akrobaten, Sängern, Trommlern, Schlangenbeschwörern und Gauklern.

Um sie herum hatten sich Schaulustige geschart, die gebannt auf das Geschehen in ihrer Mitte schauten. Gleich nebenan stieg der Geruch von zahllosen kleinen Feuerstellen in die milde Abendluft. Der Duft von gebratenem Fleisch, würziger Suppe und dampfendem Tee lag über dem Platz.

Abu Batuta bog in die Medina ein. Er liebte die eigenartige Atmosphäre der Altstadt: das dumpfe Licht mit den matten Lampen, das hektische Treiben, das Geschrei und Gefeilsche der Händler, das Geläute der Wasserverkäufer und das Rufen der Träger.

Auf den Stufen der Moschee hockten die Bettler, hielten den Vorübergehenden ihre Hand entgegen und erinnerten sie an die religiösen Pflichten, die der Koran auferlegte. Jedes Almosen würde von Allah gnädig belohnt werden. Abu Batuta griff in seine Tasche und warf ein paar Münzen in die sich ihm entgegenstreckenden Hände. Dann zog er seine Sandalen aus, stellte sie zu denen der anderen Gläubigen auf die Stufen und trat an den Brunnen, um sich die Füße zu waschen.

Schließlich schritt er durch das mit Ornamenten reich

geschmückte Portal in die weite Halle. Er ging auf die Säule zu, in deren Nähe er stets zu beten pflegte, ließ sich auf seine Knie nieder und beugte sich mit gesenktem Kopf weit nach vorn, nach Osten, dorthin, wo Mekka lag.

Abu Batuta sprach sein Gebet und dankte Allah. Und er hatte Grund zum Danken. Das Geschäft lief gut. Zwar zahlten die Aufkäufer aus Europa sehr schlecht für die Teppiche. Doch – Allah sei Dank – hatte er ja die Meisterinnen und die Kinder. Hätte er nicht so billige Arbeitskräfte, dann wäre das Geschäft nicht halb so gut, zumal die Aufkäufer ständig versuchten, die Preise zu drücken. Ein Raunen ging durch die Moschee: »Allah ist groß, kein Gott außer Allah, und Mohammed ist sein Prophet.«

Es war ruhig geworden in der kleinen Halle, in der die Mädchen vor ihren Knüpfrahmen hockten. Nach zehn Stunden Arbeit hatten sie zum Erzählen keine Kraft mehr. Nur gelegentlich unterbrach eine laute Stimme die Stille, wenn eine Meisterin ein Mädchen anfuhr, nicht einzuschlafen, und sie antrieb, schneller zu knüpfen.

Aischa hörte nicht mehr hin. Sie spürte nur noch ihren Rücken und den Schmerz in den Fingern. Aischa war erst neun Jahre alt. Aber ihre Hände sahen aus wie die einer alten Frau. Am Morgen waren die Finger noch flink und kräftig, doch am Abend gehorchten sie nicht mehr, griffen den falschen Faden, waren kraftlos und konnten die Knoten nicht mehr richtig zurren. Aischas Fingerkuppen waren wundgescheuert und schmerzten. Ab und zu steckte sie ihre Finger in den Mund, um sie zu kühlen.

Jeden Tag ging das so, zwölf Stunden lang. Wenn die Meisterin sie nur nicht immer noch antreiben würde! Aber die Frau wurde ja selber von Abu Batuta angefahren, wenn er am Abend nicht zufrieden war und meinte, daß zu wenig geknüpft worden sei. Zudem bezahlte er die Meisterin schlecht, so daß sie nur wenig an die Mädchen weitergeben konnte. Zwanzig Dirham bekam sie für ein Teppichstück von einem mal einem Meter. Und was sie davon den Mädchen am Abend auszahlte, reichte oft nicht einmal für ein Stück Brot. Aischa spürte in ihrem Magen ein Gefühl der Leere. Schon seit Stunden hatte sie großen Hunger, aber sie würde erst wieder etwas zu essen bekommen, wenn sie zu Hause war.

Es war längst dunkel geworden, und das Licht der Glühbirnen, die nackt von der Decke hingen, erleuchtete nur notdürftig den Raum. Aischas Augen brannten. Sie konnte kaum noch die Knoten erkennen. Von Zeit zu Zeit fielen ihr die Lider zu, aber dann gab sie sich jedesmal einen Ruck und versuchte, die Augen weit aufzureißen.

»Schlaf nicht ein!« hörte sie hinter sich die Stimme der Meisterin. »Ihr kommt nicht eher nach Hause, bis das Soll erfüllt ist. Abu Batuta wird sonst Ärger machen. Dann zahlt er noch weniger, und ich muß euch dann auch weniger geben.«

Aischa bekam einen Schreck. Ihre Eltern brauchten das Geld. Sie würden schimpfen, wenn sie mit weniger nach Hause käme.

Aischa mußte sich mehr und mehr anstrengen, ihre Augen offenzuhalten. Immer häufiger bekam sie einen Faden nicht zu fassen. Ihre Finger waren kraftlos, aufgerissen und wund. Die Kuppe des rechten Zeigefingers schmerzte besonders. Und plötzlich war es geschehen! Ein Blutstropfen quoll auf die weißen Wollfäden und wurde von ihnen sofort gierig aufgesogen. Ein roter Fleck, klein, aber unübersehbar. Was würde die Meisterin sagen? Und was erst Abu Batuta? Würden sie ihr den Lohn kürzen? Oder sie gar vor die Tür setzen?

Aischa blickte sich um. Die Meisterin stand am Ende des Ganges. Hastig steckte Aischa die Finger ihrer linken Hand in den Mund, befeuchtete sie und versuchte, den roten Fleck zu verreiben...

Die Geschichte geht weiter

Die Geschichte von Aischa hat ein offenes Ende. Man kann sich verschiedene Möglichkeiten vorstellen, wie sie ausgehen könnte. Welches Ende würdest du dir wünschen? Überleg aber auch, wie die Geschichte realistischerweise weitergeschrieben werden müßte. In der Gruppe lassen sich die unterschiedlichen Fortführungen der Geschichte vorlesen.

»Rücksichtslos billig«

»Mit jedem Schritt auf einem schönen Teppich tritt der europäische Käufer das Kind, das ihn geknüpft hat.«
(Kailash Satyarthi, Neu Delhi, Indien)

Eine Einkaufsstraße, wie es viele in Deutschland gibt: Gedränge. Hektik. Menschen, bepackt mit Taschen und Tüten. Sie haben es eilig, weil sie noch schnell etwas besorgen wollen. Unverhofft ein Teppich auf dem Pflaster. Darauf liegt ein Zettel: »Mit jedem Schritt treten sie ein Kind!«

Die Schritte stocken. Leute halten inne. Sind verwundert und verunsichert. Stellen Fragen. Denken nach. Zum ersten Mal. Über Teppiche. Und über diejenigen, die sie herstellen.

Überzeugt Dich nicht? Dann komm mit! In deutsche Kaufhäuser und Teppichgeschäfte. Von der Einkaufsstraße brauchen wir nur durch die Glastür zu treten. Schritte und Stimmen wirken gedämpft. Wir spüren Ruhe und Schönheit.

Ein Hauch von Tausend-und-eine-Nacht umgibt uns. Und diese Schönheit ist käuflich! Selbst für diejenigen ist sie erschwinglich, deren Portemonnaie nicht allzu prall gefüllt ist. »Rücksichtslos billig!« wirbt ein deutsches Kaufhaus. Werbung kann manchmal von einer ungewollten Ehrlichkeit sein.

Indische Teppiche sind bei uns deswegen so beliebt, weil sie äußerst billig sind. Sie sind es vor allem deshalb, weil Kinder beim Knüpfen eingesetzt werden. Die Nachfrage an besonders hochwertigen Teppichen mit hoher Knotenzahl nimmt zu. Früher wurden normalerweise Teppiche in geringerer Knotendichte geknüpft. Heute müssen die Kinder lernen, äußerst enge Knoten zu machen. Die hohe Nachfrage in den Einfuhrländern hat außerdem zur Folge, daß Teppiche in immer höherer Stückzahl hergestellt werden.

Die Farbwünsche der Käufer und die Kosten führten inzwischen dazu, daß heute fast nur noch chemische Farben verwendet werden. Die Flusen und Stäubchen dieser chemisch gefärbten Wolle dringen in die Augen und Atemwege der Kinder ein und verursachen langfristig schwere gesundheitliche Schäden. Viele Kinder klagen auch über schlimme Hautkrankheiten, die sie durch die Arbeit bekommen haben.

Oft müssen zehn bis 15 Kinder in einer engen Webhütte

arbeiten. Nachts schlafen sie zwischen den Knüpfrahmen oder in einer Ecke auf dem nackten Lehmboden. Manchmal haben sie auch Strohsäcke oder Jutematten. Viele der Kinder erhalten nicht einmal ausreichend zu essen. Die Ausgaben für das Essen werden ihnen vom mageren Lohn abgezogen. Viele Kinder bekommen gar kein Geld, sondern bloß eine oder zwei karge Mahlzeiten. Eine Untersuchung im Mirzapur-Distrikt ergab, daß 80 von 100 der knüpfenden Kinder weniger als den gesetztlich festgelegten Mindestlohn erhalten. Kinder: willig, billig, flink.

Etwa die Hälfte aller Hände, die in Indien Teppiche knüpfen, sind Kinderhände. Die Kinder sind zwischen acht und 15 Jahre alt, manche sind sogar noch jünger. Sie hocken vor den Knüpf rahmen und knoten mit gesenktem Kopf. Die Arbeit erfordert eine hohe Konzentration. Fehler führen zu Lohnabzügen. Oft genug auch zu Schlägen. Die Kinder arbeiten zwölf Stunden, bisweilen sogar 15 Stunden am Tag, manchmal ohne Pause, tagein, tagaus. Ferien sind diesen Kindern unbekannt.

Für solche Kinder setzt sich die indische Menschenrechtsorganisation Mukti Pratishtan ein. Allein im Bereich der Teppichindustrie konnte diese Organisation bisher über 3000 Kinder aus sklavenähnlichen Verhältnissen befreien. Die Genugtuung über eine solche Zahl verblaßt, wenn man bedenkt, daß im gleichen Zeitraum etwa 100 000 Jungen neu in Arbeitssklaverei verschleppt wurden. Mukti Pratishtan setzt sich für die Einhaltung der indischen Kinderschutzgesetze ein.

Die Hilfsorganisationen terre des hommes, Brot für die Welt und Misereor unterstützen diese indische Menschenrechtsorganisation. Wenn sich ihre Vorstellungen durchsetzen, dann werden Teppichkunden in Deutschland eines Tages bei ihrem Kauf auf ein Gütesiegel achten. Es zeichnet Teppiche aus, die nicht durch Kinderarbeit entstanden sind.

Mit Mikro und Kassettenrecorder

Mehrere Kinder einer Klasse oder Gruppe können mit Mikrophon und Kassettenrecorder Teppichhändler aufsuchen, um mit ihnen ins Gespräch zu kommen und ein Interview zu machen. Natürlich muß man fragen, ob der Händler nichts dagegen hat, daß man den Recorder einschaltet.

Weiß er, wer die Teppiche, die er verkauft, geknüpft hat? Ob Kinderarbeit in ihnen steckt? Weiß er, unter welchen Bedingungen Kinder in der Teppichherstellung arbeiten? Natürlich ist es wichtig, bei solchen Gesprächen höflich zu bleiben, selbst wenn ihr merkt oder spürt, daß die Antworten nicht ausreichend oder ganz ehrlich gegeben werden. Bei auseichenden Antworten ist ein Nachhaken aber immer wichtig. Auch wenn der Teppichhändler von euren Fragen und Argumenten nichts wissen will, kann das Gespräch ihm und euch selbst wichtige Anstöße zum Nachdenken geben.

Jagd auf Teppichkinder

Das Spiel beruht auf einem alten indischen Spiel. Es nennt sich »Tiger und Schafe«. Hier geht es aber um Knüpfrahmenbesitzer, die Kinder für ihre Teppichwerkstätten fangen wollen. Man benötigt nur wenige Vorbereitungen dafür. Das Spielfeld läßt sich leicht in den Sand oder mit Kreide auf den Boden malen. Als Spielsteine dienen Muscheln, Korken, Kronkorken, Steine oder selbstgebastelte Figuren (vier Knüpfrahmenbesitzer und 20 Kinder). Die Regeln ähneln denen des Mühle-Spiels, das bei uns bekannt ist. Der Spielplan besteht aus einem großen Rechteck, in das eine Längsachse und eine Querachse gemalt werden. Die verlängerte Querachse dient als Mittellinie für ein darüber gezeichnetes Dreieck (siehe Abbildung).

Dieses Spiel läßt sich zu zweit oder mit zwei Parteien spielen. Die eine Partei spielt die Knüpfrahmenbesitzer und hat vier Spielsteine. Die andere Partei spielt die Kinder. Sie hat 20 andersartige Spielsteine.

Zunächst werden die vier Knüpfrahmenbesitzer auf die vier Ecken des Rechtecks gesetzt. Dann hat jede Partei abwechselnd einen Zug, bei dem sie einen ihrer Steine auf einen freien Schnittpunkt setzen darf. Da die Partei der Teppichkinder noch keine

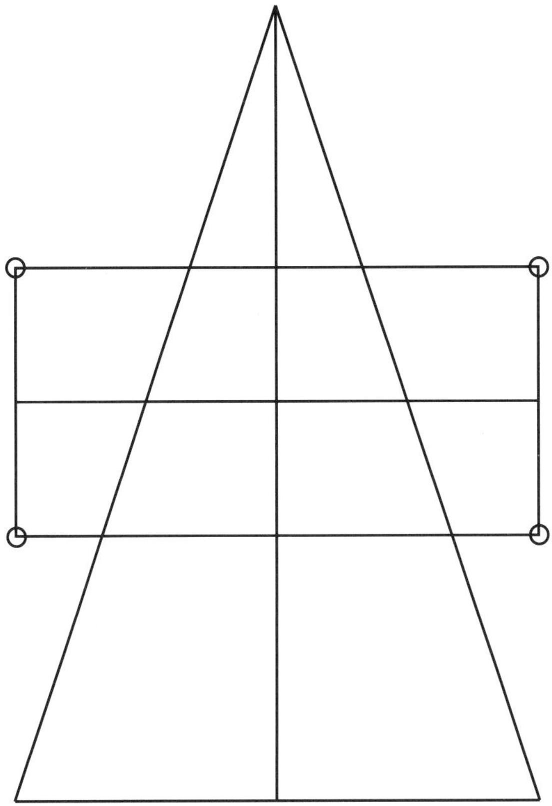

Spielsteine auf dem Feld hat, bestehen ihre ersten Züge darin, jeweils ein »Kind« aufs Spielfeld zu setzen. Bevor nicht alle Spielsteine auf dem Spielfeld sind, kann kein Stein der Partei der Teppichkinder auf dem Feld einen Zug machen. Die Knüpfrahmenbesitzer bewegen sich allerdings von Anfang an hin und her. Sie müssen versuchen, die auf dem Spielfeld stehenden Kinder zum Teppichknüpfen zu zwingen, das heißt den Spielstein zu schlagen. Das geschieht, indem gerade, niemals über Eck, über ein oder auch mehrere Kinder gesprungen wird. Die übersprungenen Kinder werden vom Brett genommen und in die Knüpfwerkstatt gesperrt.

Das Ziel der Kinder ist es, die Knüpfrahmenbesitzer durch geschicktes Setzen bewegungsunfähig zu machen. Wenn die Knüpfrahmenbesitzer sich nicht mehr bewegen können, haben die Kinder gewonnen

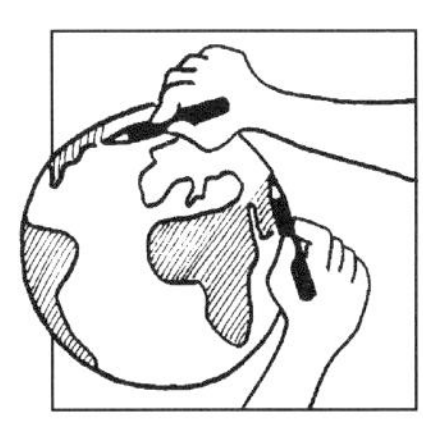

und können ihre Freundinnen und Freunde von den Knüpfrahmen befreien. Anders als im wirklichen Leben haben die Kinder im Spiel die größeren Chancen.

Wundertüte

Aus einer »Wundertüte« werden verschiedene Gegenstände herausgeholt und in der Mitte der Gruppe ausgebreitet: Geldschein aus einem Land der »Dritten Welt«, Teebeutel, T-Shirt, Glühbirne, Marmorbrettchen, Streichhölzer, Zeitung, Reiseandenken – möglichst mehr, als die Gruppe Teilnehmer hat. Alle diese Gegenstände sollten in irgendeiner Weise mit Kinderarbeit zu tun haben. Alle in der Gruppe werden aufgefordert, sich spontan einen Gegenstand zu nehmen. Anschließend wird jede und jeder gebeten zu beschreiben, warum sie oder er sich gerade dieses Stück ausgesucht hat und was es mit Kinderarbeit zu tun haben könnte.

Schicksalsrad

Wie können Kinder sich und andere anschaulich über Lebens- und Arbeitsbedingungen ihrer Altersgefährten in Asien, Afrika und Lateinamerika informieren? Zum Beispiel mit dem Spiel vom Schicksalsrad. Es läßt sich bei Schulfesten, Projektwochen, Straßen- und Gemeindefesten durchführen. Am Schicksalsrad entscheidet sich der Weg. Die einen leben in Deutschland, die anderen in Indien, in Afrika oder Peru. Je nach Gruppenzugehörigkeit gilt es, verschiedene Aufgaben zu erfüllen. Indien zum Beispiel bedeutet: im Straßenbau Steine schleppen. In Körben werden so schnell wie möglich die Steine von einem Haufen an eine andere Stelle transportiert und wieder zurück. Oder: Teppiche knüpfen. Geknüpft wird an Schulwebrahmen. Oder: Papiertütenfalten. In Heimarbeit werden aus vorbereiteten Bögen Papiertüten gefaltet und mit Kleister geklebt.

Das große Bombay-Spiel

Eine ähnliche Idee hat auch die »terre des hommes«-Gruppe in Stuttgart bei ihrem großen Bombay-Spiel ausprobiert: Kinder verkaufen Zeitungen, sammeln Abfall mit Hilfe von Stöcken, in die sie zuvor einen langen Nagel eingeschlagen haben. Oder sie waschen Plastiktüten und hängen sie zum Trocknen auf. Damit kann deutlich werden, wie scheinbar wertlose Dinge wieder zu verwerten sind. Von indischen Abfallsammlern werden solche gereinigten Tüten zum Einschmelzen weiterverkauft. Andere Kinder drehen Bidi-Zigaretten. Bidi-Drehen ist in Indien eine verbreitete Heimarbeit, die zum Teil von Kindern geleistet wird. Die Bidis beim Großen Bombay-Spiel bestehen aus einem Kastanienblatt, das um ein Stöckchen gewickelt und mit einem Faden verschnürt wird.

Kinder können Baumwollreste mit indischen Holzdruckstöcken bedrucken. Schließlich gibt es noch die Möglichkeit, Flickenteppiche zu nähen. In einem Korb liegen bunte, quadratische Stoffstücke, die die Kinder zu einem Laken zusammensetzen sollen. Es soll aber nicht nur beim Spiel bleiben; es sollte zum Beispiel auch darüber gesprochen werden, ob und wenn ja wie lange die Arbeit Spaß machen kann.

Lose

Das Nord-Süd-Forum ins Bensheim ging mit Kindern auf die Straße. Die dortige Tageszeitung berichtete über die Aktion:

»Kinder aus Bensheim machen auf die Lebensbedingungen ihrer Altersgenossen aufmerksam. Mit Büchsen voller Lose laufen sie durch die Fußgängerzone. Die Passanten können ihre routinemäßigen zwei Mark für genesende Mütter stecken lassen. Zu gewinnen gibt es vor allem Informationen. Wieviel verdient ein zwölfjähriges Kind in Sri Lanka, das seit fünf Jahren in einem Lebensmittelladen arbeitet? Ein oder zwei Mark am Tag?

Unter einem ›Baum der Ausbeutung‹ mit symbolischen Früchten der Kinderarbeit lesen Kinder einer vierten Klasse der Auerbacher Schloßbergschule Begleittexte zur Ausstellung der Kinderhilfsorganisation terre des hommes: ›Jetzt hast du gesehen, wie wir schuften müssen!‹«

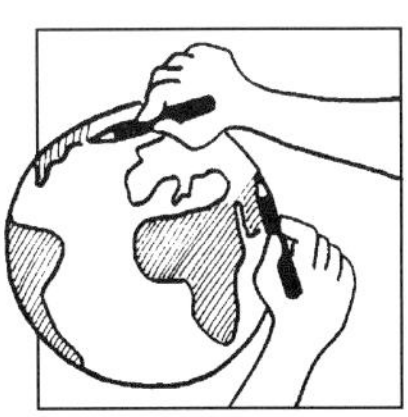

Hast du auch schon mal gearbeitet?

Vor 150 oder 200 Jahren war schwerste Kinderarbeit auch in Deutschland üblich. Zwar arbeiten auch heute bei uns etwa 40 Prozent aller Schülerinnen und Schüler zwischen 14 und 16 Jahren, doch ihre Arbeit trägt meist nicht zum Familieneinkommen bei. Heute arbeiten Kinder und Jugendliche in Deutschland in der Regel freiwillig. Mit dem Verdienst möchten sie sich ihr Taschengeld aufbessern, um sich Extrawünsche erfüllen zu können. Trotzdem üben Kinder immer wieder auch Arbeiten aus, die vom Jugendarbeitsschutzgesetz verboten sind. Es gibt immer noch Kinderarbeit, die gesundheitsgefährdend ist und die die Entwicklung von Kindern beeinträchtigt. Sozialhilfeorganisationen stellen aber bei zunehmender Arbeitslosigkeit der Eltern und wachsender »Neuer Armut« fest, daß Kinder mehr und mehr auch arbeiten müssen, um zum Lebensunterhalt ihrer Familien beizutragen.

Hast du auch schon mal Geld verdient? Mit welcher Arbeit? Und was hast du mit dem Geld gemacht? Welche Unterschiede gibt es zwischen deiner Arbeit und jener der Kinder in den indischen Teppichknüpfereien?

In einer Gruppe oder Klasse kann man über Kinderarbeit und eigene Erfahrungen beim Arbeiten reden. Es werden Zettel und Stifte verteilt und alle gebeten, den folgenden Satz zu vervollständigen: »Arbeiten ist, wenn ich ...«

Alle Zettel können danach mit Klebestreifen an die Tafel oder Wand geheftet werden. Der Vergleich der verschiedenen Antworten kann ein Einstieg ins Thema sein.

Schaufenster

Die Gestaltung von Schaufenstern ist eine Möglichkeit, die Öffentlichkeit auf das Leben von Kindern in der »Dritten Welt« aufmerksam zu machen. Fragen, ob man ein Schaufenster »geliehen« bekommt, kann man überall: in Sparkassen, Apotheken, Bäckereien, Metzgereien, Buchhandlungen, Läden jeglicher Art. In das Schaufenster stellen kann man zum Beispiel ein Frühstückstischchen mit einer Baumwolltischdecke (aus Indien), einem Bast-Set (aus Indonesien), einem Teakholzbrett (aus Ghana), Tee (aus Sri Lanka), Kaffee (aus Guatemala), Schokolade (aus Ghana), Schnittblumen (aus Kolumbien). Zu jedem Gegenstand ist auf einem Schild angegeben, aus welchem Land er stammt.

Dahinter oder darüber wird ein Plakat oder ein Spruchband aufgehängt. Auf ihm könnte zu lesen sein:

»Ein Frühstück zum Genießen. Serviert von Millionen von Kindern der ›Dritten Welt‹. Sie pflücken Tee und Kaffee. Ernten Kakao. Weben Baumwolltücher. Nähen. Flechten. Knoten. Schleppen. Sortieren. Verpacken. Tagein, tagaus. Ohne Rücksicht auf ihre Gesundheit. Ohne Möglichkeit zum Schulbesuch. Für einen Hungerlohn. Weil sie in der ›Dritten Welt‹ leben. Weil sie Kinder sind. Mit ihrem Schicksal haben wir etwas zu tun. Nicht nur beim Frühstück.«

Vielleicht lassen sich im Schaufenster auch Fotos von Kindern in der »Dritten Welt« ausstellen und möglichst knapp gehaltene Informationstafeln über ihre Lebens- und Arbeitssituation.

Eine andere Dekorationsmöglichkeit wären ein Kassettenrecorder, eine Tasse Tee, ein T-Shirt und ein Ziegelstein und da-rüber ein Plakat:

»Was haben ein T-Shirt, ein Kassettenrecorder, eine Tasse Tee und ein Ziegelstein gemeinsam? ... In allem kann Kinderarbeit stecken!«

Diese Zusammenstellung von Gegenständen läßt sich auch gut als Blickfang in einer Schauvitrine im Flur der Schule, auf einem Informationstisch in der Einkaufspassage oder auf einem Fest verwenden. Wo direkte Gespräche möglich sind, sollte die Antwort auf die Frage nicht auf das Plakat geschrieben werden.

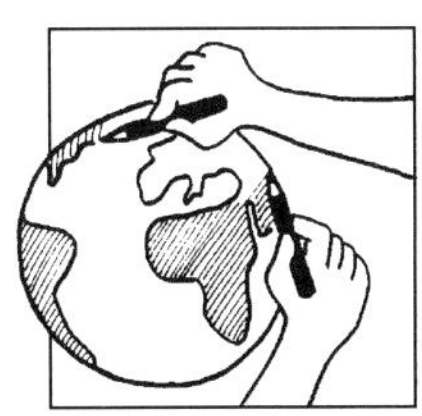

Das Recht auf soziale Sicherheit

Der Traum von Sicherheit und Geborgenheit

In verschiedenen Artikeln geht die Kinderrechtskonvention auf das Recht der Kinder auf familiäre Geborgenheit ein. »Das Kind ... hat ... das Recht, seine Eltern zu kennen und von ihnen betreut zu werden«, heißt es in Artikel 7. Artikel 9 stellt fest, »daß ein Kind nicht gegen den Willen seiner Eltern von diesen getrennt« werden soll. Und Artikel 18 fordert, »daß beide Elternteile gemeinsam für die Erziehung und Entwicklung des Kindes verantwortlich sind.«

Hinter solchen Forderungen steht die Erfahrung, wie wichtig das Leben in einer intakten Familie oder zumindest eine feste Bezugsperson für die körperliche, geistige und vor allem seelische Entwicklung von Kindern sind. Fröhlich, unbeschwert und beschützt aufzuwachsen, ist nicht selbstverständlich. Das gilt für zahlreiche Kinder bei uns. Um so mehr trifft es aber auf Kinder in armen Ländern zu.

Zum Alltag der Armut in der »Dritten Welt« gehören oft Arbeitslosigkeit, Wohnungsnot, Alkohol- und Drogenkonsum, Aggressivität, Gewalt und infolgedessen nicht selten zerrüttete Familien. Für zahlreiche Kinder wird das Familienleben zur Hölle. Immer seltener kommen sie von ihrer Arbeit auf der Straße nach Hause. Schließlich bleiben sie ganz fort. Sie fühlen sich verlassen, weil ihre Familie längst zerfallen ist, weil sie ihnen weder Sicherheit noch Geborgenheit geben konnte, weil mit den wirtschaftlichen Problemen auch die Gewalt immer mehr zugenommen hat. Viele der Kinder ziehen dann das Leben auf der Straße vor. Oft schließen sie sich in Gruppen oder Banden zusammen, um eine »Ersatzfamilie« im Überlebenskampf auf der Straße zu haben.

Die Zahl der Straßenkinder hat in den letzten Jahren aufgrund der zunehmenden Verarmung in vielen

Ländern immer mehr zugenommen. Weltweit, so wird geschätzt, soll es etwa 80 bis 100 Millionen verlassene Kinder geben, die auf den Straßen der Großstädte regelrecht um ihr Überleben kämpfen, allein gelassen, ausgesetzt oder von zu Hause geflohen. Ihre Zahl steigt ständig. Heute sollen es 25000 sein, die jährlich dazukommen, während ihre Zahl von 1972 bis 1980 etwa gleich geblieben war. Mehr als sieben Millionen Straßenkinder gibt es allein in Brasilien. Mindestens eine halbe Million Straßenkinder suchen auf den Straßen der Städte Perus eine Überlebenschance.

Zu den verlassenen Kindern zählen auch jene, die von ihren alleinstehenden Müttern als Säugling oder Kleinkind ins Heim gegeben oder ausgesetzt werden, da die Müttern aus wirtschaftlicher Not oft keine Möglichkeit sehen, für ihre Kinder zu sorgen. Für solche Kinder hat die Kinderhilfsorganisation terre des hommes über viele Jahre hindurch Eltern in Deutschland gesucht. Gleichzeitig hat sie damit begonnen, in verschiedenen Ländern Gruppen zu unterstützen, die sich darum kümmern, daß diese Kinder in dem Land, in dem sie geboren wurden, eine Zukunft haben. Immer mehr Eltern dort finden sich bereit, Kinder zu adoptieren, so daß terre des hommes die Auslandsadoption inzwischen eingestellt hat.

Zeitungsmeldungen

»Wer ein Straßenkind tötet, tut der Gesellschaft einen Gefallen. Schließlich sind das keine Kinder. Kinder sind die, die bei uns im Haus bleiben.«
(Der Vorsitzende des Clubs der Unternehmer von Rio de Janeiro in Brasilien.)

»500 Straßenkinder ermordet« (Kinderinfodienst, 19.7.1991)

»Kinder, die nie Kind sein durften.« (Zeitmagazin, 2.11.199)

»Die zehnte Totenmesse innerhalb von drei Tagen.« (FAZ, 22.4.1991)

»In Guatemala mordet selbst die Polizei.« (Bonner Generalanzeiger, 12.12.1991)

»Mutprobe für Mörder. In Brasilien werden jedes Jahr Tausende von Kindern ermordet.« (Publik Forum, Februar 1991)

»Kinder sterben auf den Straßen – in Rio werden Jugendliche von Todesschwadronen bedroht.« (Bonner Generalanzeiger, 19.1.1991)

»Mexiko zählt die Kinder der Straße. Sind es 10 000 oder eine Million?« (Neue Ruhrzeitung, 19.4.1991)

»Krieg gegen die Kinder. Unternehmenssprecher in Rio propagiert den Mord.« (Süddeutsche Zeitung, 14. 1.1991)

»In Brasilien werden täglich vier Straßenkinder ermordet.« (taz, 10.12.1991)

»Opfer des Krieges – Straßenkinder in Mosambik.« (Kontinente, 2/1991)

»Ihr Schweigen ist ohrenbetäubend. In Guatemala führt die Polizei einen brutalen Vernichtungskampf gegen die Straßenkinder.« (Frankfurter Rundschau, 10.6.1991)

»Wo Straßenkinder die Nacht zum Tag machen. Betteln, Kriminalität und Prostitution. Manilas Jugendliche stehen am Abgrund.« (Vogelfrei, Caritas Freiburg, 1990)

Lal und Jogan

(Bombay, Indien)

»Komm schon!« Jogan setzte sich mit einem Ruck in Bewegung und ging die Straße hinunter. Bei einer Imbißstube verlangsamte er seine Schritte und blieb dann stehen. Vor ihr waren Bänke aufgestellt. An der Seite stand ein Holzbett. Ein Mann nahm gerade auf dem mit dicken Fäden bespannten Bettgestell Platz, hängte seine weiße Jacke an einem Pfosten auf und kreuzte die Beine. Sofort brachte ein Servierjunge ihm einen kleinen Hocker, den er im Gehen noch schnell mit einem schmierigen Lappen abwischte und dann vor dem Mann aufstellte. Er holte ein Glas Wasser, wie es alle neuen Gäste bekamen, und winkte seinen Chef aus der Bude herbei. Der kam mit einigen Blechtöpfen, die in einem Gestell aufeinandergestapelt waren, und zeigte dem Gast, was es heute zu essen gab: Dhal, Reis, Bohnen. Der Gast beugte sich über die Töpfe und begutachtete kritisch ihren Inhalt.

Der Duft von Gebratenem und Curry drang bis zu Jogan und Lal herüber. Jogan spürte, wie ihm der würzige Geruch in die Nase stieg, immer aufdringlicher, fast quälend. Eine innere Unruhe erfaßte ihn. Er wollte sich abwenden, aber es gelang ihm nicht. Gierig atmete er den Duft ein. Der Gast zeigte auf verschiedene Töpfe und ließ sich von jedem etwas auf seinen Teller füllen: Reis, Currysoße, Gemüse und Koftas.

Jogan spürte, daß er fast explodierte. Jetzt mußte etwas geschehen. Vielleicht sollte er laut schreien. So laut er nur konnte. Oder ... Jogan sprang auf das Bettgestell zu, griff nach den Koftas auf dem Hocker, drückte einen Lal in die Hand und rannte los.

Lal starrte auf den Gast, der aufgesprungen war und auf ihn zustürzte. Da war es auch schon zu spät. Der Mann hatte ihn ergriffen, der Restaurantbesitzer kam dazu. Schläge trafen Lals Gesicht. Er schrie. Immer neue Schläge prasselten auf ihn nieder. Er versuchte ihnen auszuweichen. Erst als neue Gäste kamen und bedient werden wollten, ließen die beiden von ihm ab und stießen ihn auf die Straße.

Vorsichtig betastete Lal sein Gesicht. Die Haut brannte. Das hatte Jogan ihm eingebrockt. Der und seine verrückten Ideen! Und dann hatte er sich aus dem Staub gemacht. Das tat er doch immer. Wenn es galt zu verschwinden, war er immer der erste.

Lal ärgerte das. Hätte es doch nur Jogan erwischt! Diese Prügel hätte er ihm gegönnt.

Lal wischte sich mit dem Handrücken über die brennende Unterlippe. Ein Streifen von Blut blieb auf der Hand zurück. Lal fühlte sich elend. Er wollte schnell nach Cross Maidan, dorthin, wo sie nachts immer auf der Straße schliefen. Er wollte sich nur noch verkriechen, ganz tief unter seine Plane. Nichts, aber auch gar nichts mehr wollte er sehen und hören. Erst recht nicht Jogan. Er wollte sich nur noch zurückziehen, wie eine Schnecke in ihr Haus, auch wenn er kein Haus, sondern nur eine Plastikfolie besaß.

Mit müden Schritten kehte Lal zur Mahatma-Gandhi-Road zurück. Als er in sie einbog, erblickte er Jogan. Der stand an der Ecke und hatte sich an eine Hauswand gelehnt. Er schien dort auf ihn gewartet zu haben. Lal ging an ihm vorbei, ohne seine Schritte zu verlangsamen. Er sah ihn nicht einmal an. Zunächst ließ Jogan ihn vorbeigehen, holte ihn dann aber ein und ging langsam neben ihm her. Sie schwiegen. Lal hatte keine Lust zu reden. Jogan sollte verschwinden! Aber er blieb, und sie gingen gemeinsam weiter.

Schon von weitem bemerkten beide, daß etwas nicht stimmte. Die Leute auf den Bürgersteigen bauten hastig ihre Zelte und Hütten ab, legten die Plastikplanen und Jutesäcke zusammen, verstauten ihre wenige Habe in Säcke und Kartons und schleppten sie fort. Die Leute hatten von irgendwoher erfahren, daß eine Räumaktion bevorstand. Stadtverwaltung und Polizei wollten wieder einmal für eine saubere Straße sorgen. Sie würden alles niederreißen und abtransportieren lassen. Und dann würden diejenigen, die kaum etwas besaßen, gar nichts mehr haben.

Windböen fegten über die Stadt und trieben mächtige Wolken vor sich her. Es begann zu regnen. Lal und Jogan trugen das, was gerade noch ihr Zuhause gewesen war, in den Cross Maidan Park. Dort ließen sie ihr Bündel auf den Boden fallen und setzten sich daneben.

»Warum sagst du nichts?« brummte Jogan nach einer Weile.
»Das fragst du noch?« Lals Stimme hob sich. Der Vorwurf, der in ihr lag, war nicht zu überhören.
Jogan antwortete nicht. Statt dessen faltete er die Plastikfolie auseinander, zog sie über sich und seinen Freund und gab Lal einen Zipfel zum Festhalten. Der Wind verfing sich unter der Plane und ließ sie in der

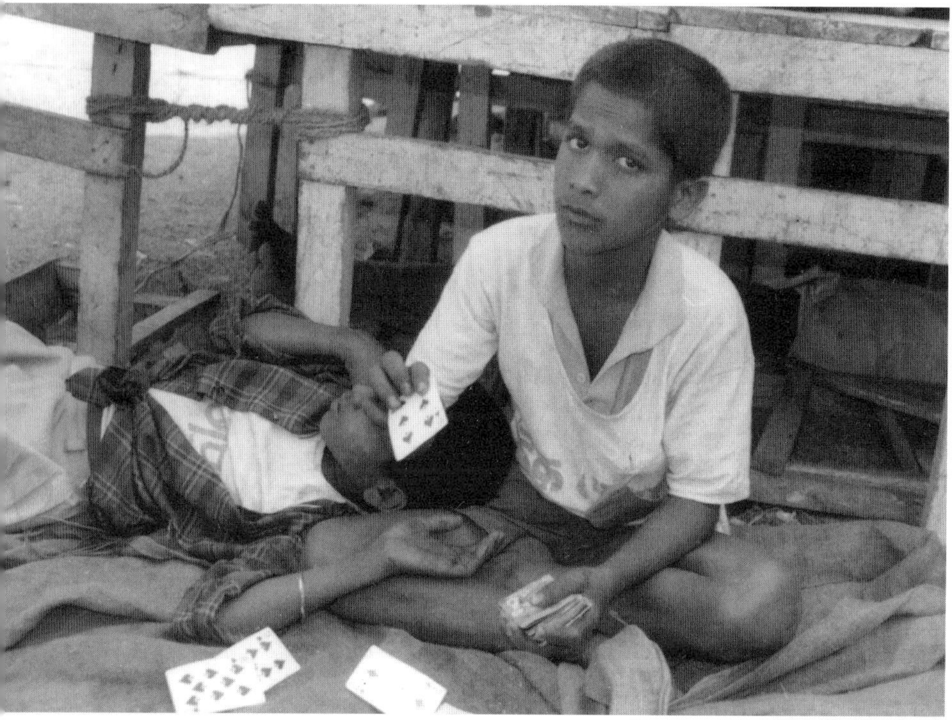

Luft flattern. Lal zurrte die Folie mit beiden Händen herunter. Unter dem Plastik war die Luft schwül und stickig. Auch der Wind brachte kaum Erfrischung.

Eingewickelt in die Plane, verbrachten sie die Nacht. Gegen Morgen legte sich der Wind, und der Regen hörte auf. Als Jogan erwachte, lag Lal nicht mehr neben ihm. Erschrocken fuhr er hoch. Doch dann sah er seinen Freund. Er stand auf dem Weg. Mit einem kleinen Stock zog er Linien in den aufgeweichten Boden. Jogan schob die Plane zur Seite und erhob sich. Langsam trat er zu Lal und betrachtete die Muster auf der Erde. Lal ließ die Linien sich kunstvoll ineinander verschlingen. Schweigend betrachtete Jogan das Glücksbild. Er kannte diese Muster von früher, von zu Hause, wo seine Mutter an Festen den Eingang mit ihnen geschmückt hatte.

»Es wird Glück bringen«, brach Lal schließlich das Schweigen. Jogan nickte. »Bestimmt!« Wind und Regen waren ihnen jetzt gleichgültig.

Blumen

»Kinder sind wie Blumen, die blühen«, sagt ein afrikanisches Sprichwort.

Samstag morgen. Eine Fußgängerzone in Hamburg. Menschen, die es eilig haben. Bepackt mit Taschen und Tüten. Die Blicke auf die Schaufenster gerichtet. Oder auf die Gehwegplatten. Plötzlich stutzen die Vorbeihastenden. Halten inne. Aus den Ritzen zwischen den Platten sprießen Blumen. Mitten im Herbst. Strohblumen, an kleinen Drähten befestigt, stecken in den Spalten. Was soll das? Verunsicherung. Dann fällt der Blick auf ein Spruchband: »Straßenkinder sind wie Blumen, die zertreten werden.«

Vorsichtig umgehen die Passanten die Strohblumen. Nur keine zertreten! Jetzt sind sie bereit, die drei Informationstafeln zu lesen. Die Texte sind knapp, die Fotos eindringlich. Auf der ersten Tafel wird die Situation der Straßenkinder in Lateinamerika in wenigen Worten dargestellt. Über der zweiten ist die Überschrift zu lesen »Freiwild Straßenkinder – Menschenrechtsverletzungen an Straßenkindern in Guatemala«. Auf der dritten Tafel werden Möglichkeiten gezeigt, wie man diesen Kindern helfen und Projekte mit ihnen unterstützen kann.

Viele, die es zuvor sehr eilig hatten, bleiben stehen und nehmen sich die Zeit, die Informationen zu lesen. Und sie nehmen einen Handzettel entgegen und sehen sich vielleicht sogar den Büchertisch mit weiterem Informationsmatertial an.

Wer die Aktion nachmachen möchte, darf nicht vergessen, für den Infostand eine Genehmigung beim Ordnungsamt zu beantragen. Informationsmaterial gibt es zum Beispiel bei terre des hommes. Die Straßenblumen lassen sich am besten an kleinen Drähten befestigen. Man kann auch halbierte Luftballondrähte nehmen. Am Rand des Bürgersteigs läßt man einen schmalen Durchgang frei, an dem sich die Verteilerinnen und Verteiler von Flugblättern aufstellen können.

Briefe

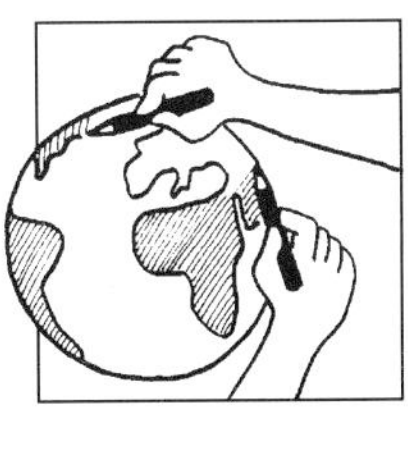

Die Klasse 5 a des Evangelischen Schulzentrums in Leipzig schrieb einen Brief an die Brasilianische Botschaft in Bonn. In ihm heißt es: »Wir wurden durch Nachrichten und Fernsehen darauf aufmerksam gemacht, daß sehr viele Kinder in Brasilien umgebracht werden. Deshalb protestieren wir hiermit gegen die Ermordung und Folterung von Straßenkindern in Brasilien. Wir erwarten von Ihrer Regierung, daß sie in Zusammenarbeit und mit Hilfe anderer Länder Bedingungen schafft, in denen Kinder ohne Angst und Hunger und vor allem ohne Folterung oder Ermordung aufwachsen können.«

Es wäre gut, wenn viele solcher Briefe geschrieben würden. In ihnen könnte man auch auf die Rechte hinweisen, die in der Kinderrechtskonvention festgeschrieben sind – auch für Straßenkinder. Die Adressen der Botschaften in Bonn (zum Beispiel von Brasilien, Kolumbien, Guatemala, Peru, Bolivien, den Philippinen und anderen Ländern) kann man telefonisch erfragen.

Rangliste

Den Kindern Südafrikas ist der Schutz vor Gewalt ganz besonders wichtig; in ihrer Charta haben sie dem Thema »Gewalt« den meisten Platz eingeräumt.

Versucht in euer Klasse oder Gruppe herauszufinden, welche Arten von Gewalt gegen Kinder es gibt. Schreibt das, was euch als Gewalt, die Kinder betrifft, bekannt ist, jeweils auf einen Zettel. Unterscheiden sich die Ergebnisse voneinander? Welche Arten von Gewalt sind schwerwiegender als andere? Welche Gewalt trifft Kinder hier, welche vor allem Kinder in der »Dritten Welt«, welche alle gleichermaßen?

In deutschen Städten

»Sieben der zehn größten deutschen Städte melden obdachlose Jugendliche. Das Frankfurter Jugendamt schätzt, daß sich im Stadtgebiet zwischen 100 und 150 Jugendliche als Obdachlose aufhalten. Das Kölner Jugendamt berichtete von Zehnjährigen, die auf der Straße aufgegriffen wurden. Als Folge von familiären Konflikten seien im Jahr in der Stadt »einige hundert« Jugendliche bekannt, die sich von der Familie gelöst hätten und nicht zurückkehren wollten.« (Frankfurter Rundschau vom 2.12.1991)

Niemand sieht hin. In den großen Städten der Welt sind die Straßenkinder unübersehbar, aber sie führen ein Schattendasein. Die Öffentlichkeit weiß wenig über ihr Leben, über ihre Nöte, Sorgen, Ängste, Träume. Nur selten gelangen Berichte über Straßenkinder in die Medien. Hier sind einige Meldungen von 1991 zusammengestellt. Findest du ähnliche Meldungen und Berichte?

Geburtstag auf der Straße

Steffi, 16 Jahre alt, ist von zu Hause ausgerissen. Seitdem lebt sie in Berlin – am Bahnhof Zoo. Die Bundesrepublik gehört zu den reichsten Ländern der Erde, und trotzdem gibt es zahlreiche Kinder und Jugendliche, die keine Alternative zum Leben auf der Straße, zu Bettelei, zu Drogenkonsum, zur Prostitution sehen.

Ein lauer Sommerabend im Juli am Bahnhof Zoo. Es herrscht Hochbetrieb. Passanten hasten eilig vorbei, als wollten sie die jugendlichen Obdachlosen, die ineinander verschlungen wie ein Haufen Unrat vor dem Bahnhof liegen, nicht wahrnehmen. Daneben eine Lache Erbrochenes. Es riecht nach Staub, Urin und Armut.

Im Getümmel eine zarte »Trebegängerin«, die sich Schminke ins Gesicht schmiert, um mit einer Freundin ihren zwölften Geburtstag in der Disco zu feiern.

Schummrige Musik, gedämpftes Licht, Heroin und Kerzenschein vermitteln die Atmosphäre der großen weiten Welt und locken Mädchen und Jungen aus der ganzen Bundesrepublik: Andreas aus Remscheid, Uta aus Solingen, Markus aus Konstanz, Manuela aus Cottbus. Sie sind vor einem ungemütlichen Zuhause geflohen. Und ungemütlich war es dort nicht erst seit gestern. Doch zum Fortlaufen waren sie vorher zu klein. 800 Kinder und Jugendliche sollen nach Schätzungen von Sozialarbeitern in Berlin in Billigpensionen oder auf der Straße leben.

Kinder wollen ihre Eltern lieben. Und so hat ein mißhandeltes Kind keine andere Chance, seine erlittenen Schmerzen zu verarbeiten, als sie zu verdrängen. Sonst müßte es sterben. Der kindliche Organismus ist noch viel zu schwach, um Demütigungen wie den sexuellen Mißbrauch durch Erwachsene, womöglich durch eigene Familienangehörige, zu verkraften. Die unterdrückte Wut, das Leugnen erfahrener Mißhandlungen, gibt man dann weiter. Oder man zerstört sich selbst an Körper und Seele.

Rita Erben, in: Freibeuter im Elend. (terre des hommes) Osnabrück 1992

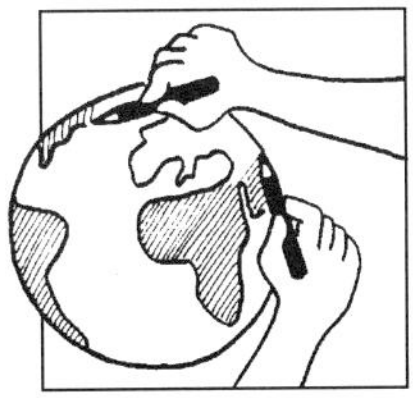

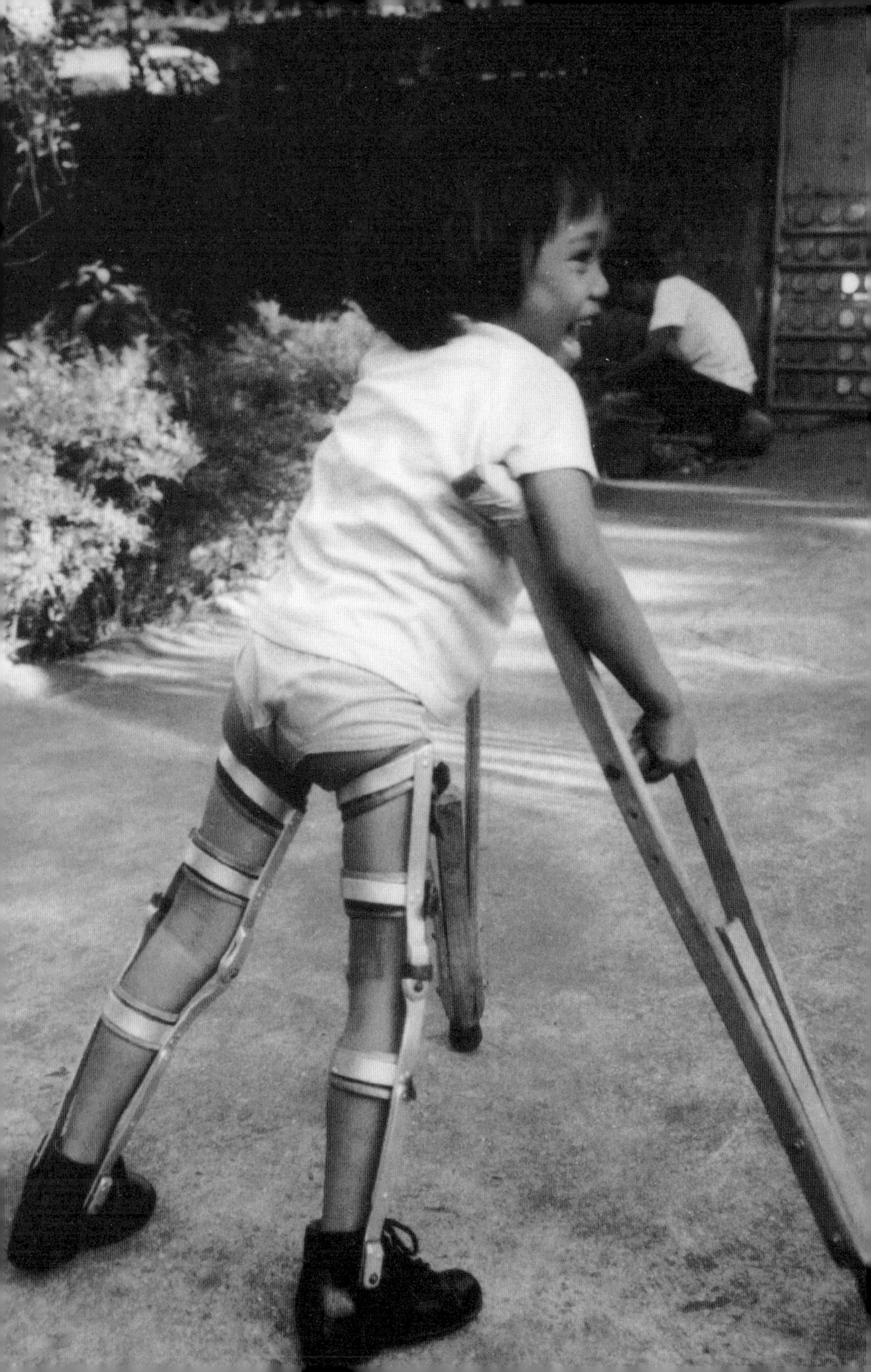

Das Recht behinderter Kinder

Jeder Zehnte

Weltweit müssen etwa 500 Millionen Menschen mit körperlichen oder geistigen Behinderungen leben: das ist jeder zehnte Mensch. Die meisten von ihnen sind zusätzlich dadurch benachteiligt, daß sie in einem armen Land leben. In solchen Ländern bedeutet Behinderung oftmals völlige Verarmung und im täglichen Überlebenskampf entschieden weniger Chancen.

Behinderungen können die unterschiedlichsten Ursachen haben: Verkrüppelungen nach Unfällen und durch Kriege, unsauberes Wasser, Unterernährung sowie fehlende gesundheitliche Betreuung von Schwangeren und Kindern, die nicht selten zu lebenslangen Behinderungen führen. Solche Kinder haben ein Recht auf besondere Betreuung und Ausbildung, damit sie anderen Kindern nicht nachstehen.

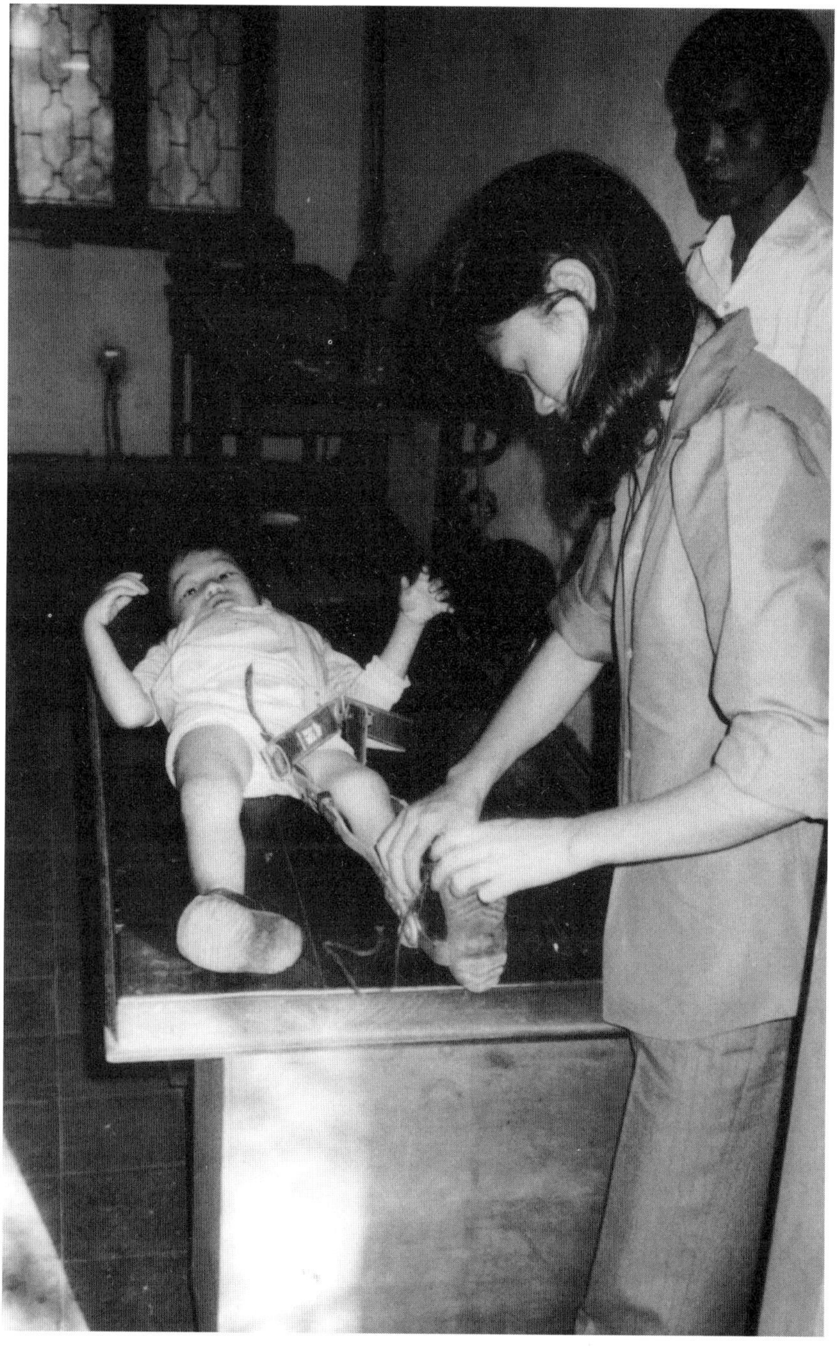

Mai

(Vietnam)

Mai lebte in Thanh Binh, einem kleinen Dorf im Süden Vietnams. Ihre Eltern waren Reisbauern. Als Mai elf Monate alt war, bekam sie plötzlich Fieber. Bald konnte sie ihre Beine nicht mehr bewegen. Der Arzt in der Krankenstation untersuchte Mai und stellte fest, daß sie Polio hatte – Kinderlähmung.

Die Eltern brachten Mai in das Provinzkrankenhaus, später in ein großes Hospital in Ho-Chi-Minh-Stadt und schließlich ins CREP. CREP ist die französische Abkürzung für »Rehabilitationszentrum für gelähmte Kinder«. Das CREP, in dem vor allem poliokranke Kinder behandelt werden, wurde mit Hilfe von terre des hommes erbaut.

Der Vater mußte wieder zu seinen Reisfeldern zurückkehren und sich zu Hause um die beiden Geschwister von Mai kümmern. Nur die Mutter blieb bei ihrer Tochter im CREP. Mais Beine hatten sich an den Hüften und Knien zusammengezogen und waren steif geworden. Sie hatte große Schmerzen und mußte zweimal operiert werden. Um die Muskeln zu stärken und wieder beweglich zu machen, mußte Mai viel schwimmen und turnen.

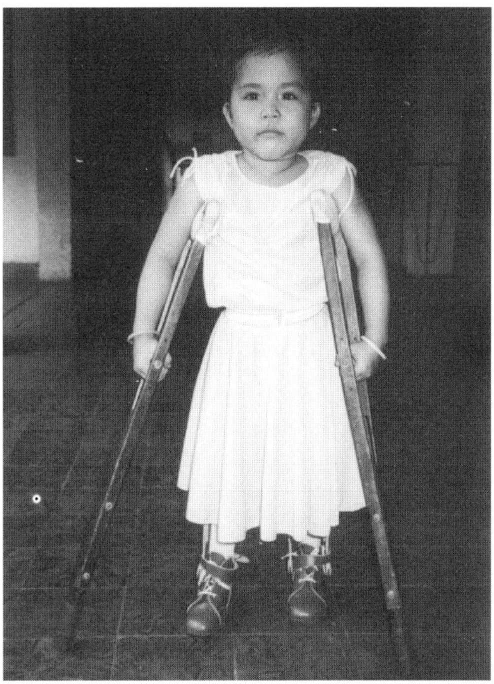

Mais Behandlung dauerte drei Monate. Verbissen und mit viel Energie übte sie, in ihrem Gehapparat und den orthopädischen Schuhen zu gehen. Zwar hatte sie immer noch Schmerzen, aber jeden Tag schaffte sie ein paar Schritte mehr. Darauf war sie stolz. Nachts träumte sie oft davon, wohin sie überall gehen würde, wenn sie keinen Apparat mehr bräuchte.

Im Rollstuhl

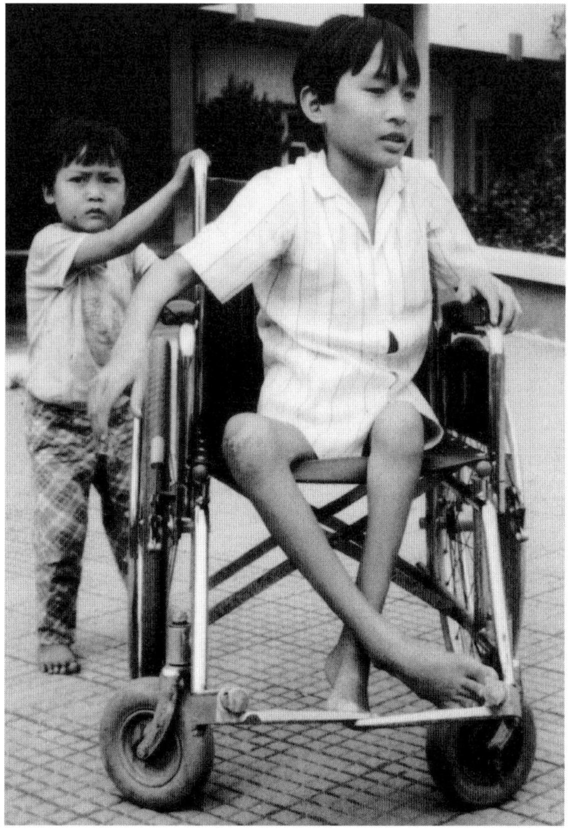

Auf Rollstuhlfahrerinnen und Rollstuhlfahrer wird immer noch wenig Rücksicht genommen. Die Bürgersteigkanten sind oft zu hoch, die Gänge in den Kaufhäusern zwischen den Regalen zu eng. Manchmal fehlen Rampen an öffentlichen Gebäuden.

Um selbst zu erleben, was das im Alltag bedeutet, kann man sich einen Rollstuhl ausleihen und einen Tag oder auch für ein paar Stunden damit herumfahren. Erstelle eine Liste mit den Schwierigkeiten, die dir auffallen. Sprich dort vor, wo Rollstuhlfahrer Probleme haben. Oder schreibe Briefe, in denen du Anregungen gibst, wie Verbesserungen für behinderte Menschen vorgenommen werden könnten. Wenn du Behinderte in deinem Bekanntenkreis hast, besprich deine Erfahrungen mit ihnen. Vielleicht ergeben sich daraus gemeinsame Aktionen.

Blinde Kuh

Es ist nicht leicht, sich die Schwierigkeiten einer behinderten Person ganz konkret vorzustellen. Dieses Spiel soll dabei helfen: Jeder verbindet einer Mitspielerin oder einem Mitspieler die Augen und führt sie zu einem bestimmten Ort oder über einen

Weg mit verschiedenen Hindernissen. Dann werden die Rollen vertauscht. So kann jeder ansatzweise nachempfinden, was für ein Gefühl es ist, nicht sehen zu können und auf die Hilfe anderer angewiesen zu sein, und wie es ist, wenn man versucht, einem blinden Menschen zu helfen.

Den Klassenraum zeigen

Wie kann man einer blinden Freundin das Klassenzimmer »zeigen«? Eine Schülerin oder ein Schuler stellt einer Mitschülerin mit verbundenen Augen die Klasse vor. Was ist wichtig beim Vorstellen? Und was ist wichtig für die »Blinde«?

Team-Arbeit

Behinderungen schränken die Möglichkeiten der Betroffenen ein, bringen diese aber oft dazu, andere Fähigkeiten und Fertigkeiten besonders gut auszubilden.

Es werden Dreier-Teams gebildet. Sie bestehen aus einem »Blinden« (ihm werden die Augen verbunden), aus einem »Tauben« (er erhält Oropax) und einem »Körperbehinderten« (er bekommt einen Rollstuhl). Die Teams erhalten die Aufgabe, die Zutaten für einen Obstsalat zu besorgen, ihn zuzubereiten und gemeinsam zu essen.

Buchseiten umschlagen

Alltägliches kann für Behinderte schwer sein. Ein Beispiel:

Die Seiten eines Buches sollen umgeblättert werden. Das läßt sich zunächst ganz normal, dann mit dünnen Fingerhandschuhen, danach mit dicken Fingerhandschuhen und schließlich mit groben Fäustlingen versuchen.

Zeitungsmeldungen

Schneide aus der Zeitung Artikel aus, die über Unfälle berichten, an denen Kinder beteiligt waren. Welche Arten von Unfällen kommen bei uns am häufigsten vor? Was könnte man tun, um sie zu verhindern?

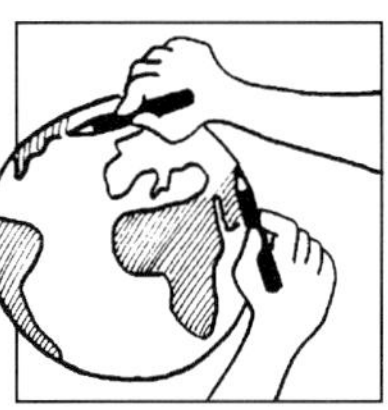

Gestern waren es die Asylanten, Heute sind es die Ausländer, Wer ist morgen Dran?

Das Recht auf Schutz auf der Flucht

Jeder zweite Flüchtling: ein Kind

Millionen von Menschen sind weltweit auf der Flucht. Genaue Zahlen gibt es kaum. Jeder zweite Flüchtling ist ein Kind oder ein Jugendlicher, 15 Millionen mindestens. Die meisten von ihnen kommen aus Äthiopien, Somalia, dem Sudan, dem südlichen Afrika und Südostasien. Die Menschen flüchten vor Kriegen, vor Menschenrechtsverletzungen und politischer Verfolgung, vor Hunger und Elend, vor Umweltzerstörung. Viele der flüchtenden Kinder wurden bereits auf der Flucht geboren. Sie haben nie ein anderes Leben als das in Flüchtlingslagern kennengelernt.

Oft haben diese Kinder seelische Probleme, Ängste und Alpträume. Außerdem lauern vielfältige Gefahren für Leib und Leben. Das Flüchtlingssekretariat der Vereinten Nationen berichtet von Kindern, die mißhandelt, verschleppt, zur Kinderarbeit oder zur Prostitution gezwungen werden. Niemand weiß, wie viele dieser Kinder nicht überleben.

Flüchtlingskinder bekommen häufig rechtliche Schwierigkeiten. In vielen Ländern werden Kinder, die sich ohne ihre Eltern oder andere Erwachsene auf der Flucht befinden, nicht als Flüchtlinge anerkannt. So hat die Bundesrepublik Deutschland die Einreise für Kinderflüchtlinge erschwert, obwohl sie die Kinderrechtskonvention unterschrieben hat, die besonderen Schutz und Hilfe gerade für solche Kinder verlangt.

Wer das Recht der Kinderflüchtlinge auf besonderen Schutz ernst nimmt, muß zum einen Betreuung und Hilfe verstärken, zum anderen müssen politische und wirtschaftliche Entscheidungen getroffen werden, die verhindern, daß Menschen überhaupt fliehen müssen.

Mahari

(Deutschland)

Dies ist die Geschichte von Mahari Amaniel. Mit 18 Jahren mußte er seine Heimat Eritrea verlassen. Auf seiner Flucht kam er nach Deutschland. Dort erzählte er mir von den Briefen, die er in Gedanken an seine Eltern schrieb. Ob er heute, nach Beendigung des dreißigjährigen Krieges in Eritrea, wieder in seine Heimat zurückkehren konnte, weiß ich nicht. Aber ich erinnere mich genau an das, was er mir berichtet hat. (H.-M. Große-Oetringhaus)

»Wenn Ihr mich jetzt sehen könntet, Mama, Papa! Vielleicht sitzt Ihr gerade vor einem der zahllosen Flüchtlingszelte, trinkt süßen Tee, wenn Ihr Zucker habt, und träumt von einem besseren Leben ohne Angst, ohne Sorgen, ohne Entbehrungen, von einem Leben in den Vereinigten Staaten oder hier in Europa. Ich habe den Traum auch einmal geträumt, damals, als alles aus zu sein schien. Jetzt lebe ich im Land der Träume, in Deutschland. Aber leben ist eigentlich schon zu viel gesagt. Ich zähle die Stunden meiner Einsamkeit.

Meine Blicke wandern vom Fenster an der kahlen Wand entlang zur Tür. Eine Tür, durch die außer mir nie jemand eintritt. Bei uns in Asmara, ja, da gab es immer viel Besuch. Nachbarn, Freunde und Verwandte gingen in unserem Haus ein und aus. Und auch Fremde genossen das Gastrecht. Hier ist alles anders. Mir scheint, daß zuviel Grau und Kälte zwischen den Menschen stehen.

Meine Augen wandern weiter von der Tür zur Wand, an der meine Matratze liegt. Der bunte Fleck am Kopfende ist ein Plakat mit unserer Fahne. Die Fahne Eritreas.

Hier machen meine Blicke bei ihren Wanderungen durch das Zimmer lange Halt. Und dann kehren sie zum Fenster und dem grauen Himmel zurück. Immer wieder machen sie diese Runde. Ich weiß nicht, wie oft an jedem Tag. Sie wandern immer im Kreis herum, wie in einem Käfig.

Wenn wir zu Hause in Asmara Sorgen hatten, dann besprachen wir sie mit den Nachbarn und Freunden. Aber hier? Mit wem kann ich hier schon reden? Wenn ich auf der Straße jemanden anspreche, blickt man mich nur erstaunt an. Manchmal auch erschrokken. Manche schauen auch einfach an mir vorbei. Zuhause hat man immer jemanden im Teehaus getroffen bei Tee oder heißer Milch. Dazu ein Brot mit Kartoffeln und Tomaten, Öl und Salz. Zehn Centimes. Wir haben gegessen, getrunken und geredet, wenn wir Sorgen hatten. Hier redet man nicht. Hier trinkt man Alkohol. Man versucht, die Probleme zu ertränken, zu vergessen. Denn es gibt niemanden, mit dem man reden kann, niemanden, der einem zuhört. Und darum greifen viele zum Bier und dann zum Schnaps oder Branntwein. Es ist im Grunde wie ein langsamer Selbstmord.

Ich halte es einfach nicht mehr aus, dieses Schweigen. Darum schreibe ich Euch, Mama und Papa. Dabei weiß ich nicht einmal, ob Ihr noch lebt. Vielleicht haben Euch äthiopische Soldaten aus dem Haus geholt und erschossen.

Vielleicht seid Ihr auch geflohen und lebt jetzt in einem der Flüchtlingslager im befreiten Norden oder im Sudan? Ich weiß nichts von Euch. Nicht einmal Eure Adresse. Das einzige, was ich weiß, ist, daß ich diesen Brief niemals an Euch abschicken werde. An wen sollte ich den Umschlag auch adressieren? Etwa direkt an die Militärpolizei? Es wird ein Brief ohne Adresse und ohne Briefmarke. Es wird ein Brief der Gedanken. Gedanken an jene Zeit, als wir noch alle zusammen in Asmara lebten.

Bisher hatte ich geglaubt, daß die Hautfarbe keine Rolle spielt, daß wir alle Menschen sind. Aber seitdem ich hier bin, habe ich gelernt, was Hautfarbe bedeutet. Jetzt weiß ich, was es heißt, weiß zu sein, und was es bedeutet, schwarz zu sein. Trotzdem bin ich stolz auf meine Hautfarbe. Es ist schon verrückt: Die Deutschen fahren nach Spanien, um braun zu werden. Und sie geben viel Geld dafür aus. Ich bin braun, doch mich akzeptieren sie nicht. Aber ich will nicht nur geduldet werden. Ich will mit ihnen reden, mit ihnen lachen und weinen. Ich will mit ihnen leben. Aber keiner spricht mit mir. Und manchmal rede ich schon zu mir selbst. Oder in Gedanken zu Euch – so wie jetzt. Hier gibt es zwar Wohlstand. Ja, sogar Luxus. Aber es gibt wenig, um Mensch sein zu können. Hier sieht man vor allem das Geld, nicht die Menschen. Bei uns zu Hause war das anders. Da lebten wir alle füreinander. Aber hier kann man nicht leben. Ich sterbe langsam ...«

Die Kinderrechtskonvention – für Flüchtlingskinder nur Papier

Die Kinderrechtskonvention verlangt für Flüchtlingskinder die gleichen Rechte wie für alle anderen Kinder, sie fordert sogar den besonderen Schutz von Kindern auf der Flucht. Aber flüchtende Kinder haben bei uns heute weniger denn je zuvor eine Chance auf Asyl, beklagen Flüchtlingsgruppen und Kinderhilfsorganisationen in Deutschland. Die Unterschrift der Bundesregierung unter die Kinderrechtskonvention ist für Kinder auf der Flucht wertlos.

Die Behörden sind heute nicht zimperlich. So wurde im August 1990 auf dem Stuttgarter Flughafen ein fünfjähriger türkischer Junge postwendend von den deutschen Beamten nach Istanbul zurückgeschickt, ohne daß die an der Abfertigung auf ihn wartenden Eltern benachrichtigt worden wären.

Die meisten solcher Fälle werden nicht bekannt. Ohne Visum haben Kinder kaum eine Chance, Zuflucht in Deutschland zu finden, selbst wenn es in ihrer Heimat unmöglich ist, ein solches Visum zu erhalten. Für sie ist die Kinderrechtskonvention lediglich ein Stück Papier.

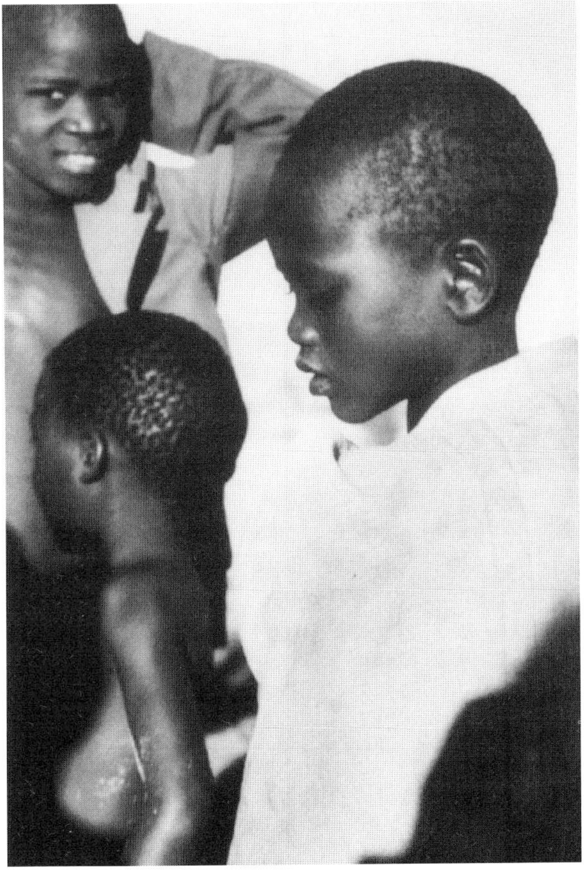

Flüchtlinge unter uns

Mit Flüchtlingen haben viele Menschen, Organisationen, Einrichtungen und Stellen in deinem Ort zu tun. Sie können die verschiedensten Auskünfte über die Lebenssituation von Flüchtlingen geben. Man braucht sie bloß zu fragen.

Deine Gruppe oder Klasse könnte sich einen Fragenkatalog zur Flüchtlingsproblematik erarbeiten. Dabei ist es hilfreich, wenn bereits Vorinformationen über die rechtliche und soziale Situation von Flüchtlingen vorhanden sind. Bei der Erstellung des Fragebogens sollte überlegt werden, was für das genaue Kennenlernen der Situation von Flüchtlingen im Ort von Wichtigkeit ist, und was an den einzelnen Stellen in Erfahrung gebracht werden soll.

Ziel der Befragung könnte sein, die menschliche und soziale Situation von Flüchtlingen und ihre Fluchtursachen kennenzulernen, etwas über die Zuständigkeit der verschiedenen Ämter zu erfahren und über die Art ihres Umgangs mit den Flüchtlingen, Informationen über die angebotenen sozialen Dienste einzuholen,

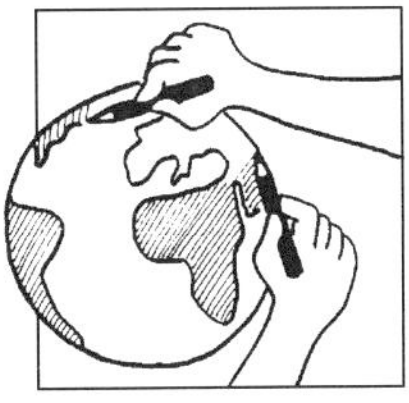

herauszubekommen, was Ausländer- und Flüchtlingsorganisationen sagen, und Menschen, vor allem Kinder und Jugendliche kennenzulernen, die im Ort Zuflucht gefunden haben.

Für die Befragung können besucht werden:

- Ausländerbehörde
- Sozialamt
- Fürsorgestellen
- Einwohnermeldeamt
- Betreuungsstellen für Flüchtlinge der Kirchen und Wohlfahrtsverbände
- kirchliche Sozialdienste und diakonische Einrichtungen
- Ausländerbeirat oder andere Vertretergremien der Ausländer
- Flüchtlingsgruppen
- »Dritte Welt«-Gruppen
- Ortsgruppen von Organisationen wie amnesty international oder terre des hommes

Nach Absprache und entsprechender Vorbesprechung:

- Besuch in Asylbewerberunterkünften
- Besuch bei Nachbarn solcher Häuser
- Besuch bei einzelnen Flüchtlingsfamilien

Auf der Flucht

Es gibt zahlreiche Gründe, die Kinder zur Flucht in ein für sie fremdes Land treiben: Krieg, Verfolgung, Drohungen, wirtschaftliche Not. Es ist nicht leicht, sich in solche Kinder hineinzuversetzen. Überlege, was dich dazu bringen könnte, deine Heimat, deine Familie und Freunde und alles, was dir lieb und vertraut ist, zu verlassen, um in einem fremden Land Zuflucht zu suchen. Und wohin würdest du fliehen? Wie, glaubst du, würde man dich dort aufnehmen? Versucht, in eurer Klasse als Sketch oder Pantomime aufzuführen:

Welche Erlebnisse und Erfahrungen wünschst du dir?
Welche befürchtest du besonders?
Welche hältst du für wahrscheinlich?

Fragen

Rechte, sagst du, soll ich haben?
In einer Konvention?
Eigens für Kinder gemacht?
Auch für mich?
Feierlich unterzeichnet?
Mit vielen Seiten?
Und vierundfünfzig Artikeln?
Dich beeindruckt das?
Was ich davon halte?

Ich sage es dir,
wenn aus Papier
Wirklichkeit geworden ist.
Wenn du aus toten Artikeln
lebendige Taten gemacht hast.
Allerdings:
Es wird sich viel ändern müssen.
Bei mir und bei dir!

Hans-Martin Große-Oetringhaus

Anhang

Kinder- und Jugendbücher des Autors zu verschiedenen Kinderrechten

Cecilia und der Zauberstein. Kinder in Peru helfen sich selbst. (Elefanten Press). Berlin 1990

Der kleine Elefant. Wie Kinder in Vietnam leben (terre des hommes). Osnabrück 1989

Der Reis ist wie der Himmel. Korea-Lesebuch für Kinder (terre des hommes). Osnabrück 1988

Die Schönheit ist schon zu sehen. Kinder in Vietnam (terre des hommes). Osnabrück 1990

Jogan haut ab. Kinderarbeit und Bürgersteigbewohner in Indien (Elefanten Press). Berlin 1990

Kein Platz für Tränen. Geschichten von Kindern in der Dritten Welt (Peter Hammer Verlag). Wuppertal 1986

Kreiselgeschichten. Lateinamerikanische Kinder aus fünf Jahrhunderten (terre des hommes). Osnabrück 1992

Liens großer Traum. Ein Vietnam-Lesebuch (rororo rotfuchs). Reinbek 1990

Nini und Pailat. Eine spannende Geschichte aus Papua-Neuguinea von Kindern zwischen Steinzeit und heute (Lamuv). Göttingen 1987

Noxolos Geheimnis. Geschichten und Informationen über das Leben schwarzer Kinder in Südafrika (Elefanten Press). Berlin 1988

Pancho und die kleinen Menschen. Kinder in Lateinamerika greifen zur Selbsthilfe. (terre des hommes). Osnabrück 1986

Trompo. Der geheimnisvolle Kreisel (Elefanten Press). Berlin 1992

United Kids. Spiel- und Aktionsbuch »Dritte Welt« (Elefanten Press). Berlin 1991

Unter den Füßen die Glut. Kinder auf den Philippinen (rororo rotfuchs). Reinbek 1987

Wenn Leila Wasser holt. Kinder in der Dritten Welt (rororo rotfuchs). Reinbek 1984

Wird Feuer ausbrechen. Dokumentarischer Roman über einen Schüleraufstand in Südafrika (rororo rotfuchs). Reinbek 1980

Adressen

Deutscher Bundestag
Kinderkommission
Bundeshaus
53113 Bonn
Tel. (0228) 162271

Ministerium für Arbeit,
Gesundheit und Soziales
des Landes NRW
Kinderbeauftragter
Horionplatz 1
40213 Düsseldorf

MISEREOR
Mozartstraße 9
52064 Aachen

Kindernothilfe
Düsseldorfer Landstraße 180
47249 Duisburg

Deutsches Komitee für UNICEF
Höninger Weg 104
50969 Köln

Brot für die Welt
Stafflenbergstraße 76
70184 Stuttgart

Deutsches Kinderhilfswerk
Berliner Büro
Zum Hechtgraben 1
13051 Berlin

Bildnachweis

Bub, Stefan: 139
Dom, Theo: 118, 122
Große-Oetringhaus, Hans-Martin: 12, 16, 19, 20, 24, 28, 32/33, 34, 36, 41, 47, 48, 52, 56, 58 oben, 59, 60, 66, 68, 74, 79, 80, 100, 102, 107, 114, 116, 126, 128, 129, 130
Hofer, Werner: 85
Kovermann, Christel: 27
Philip, Saju: 58 unten, 75
Pressestelle Senator für Jugend und Soziales, Berlin: 98
Rister, Andreas: 1, 8, 45, 62, 88, 96, 132